일제 **조선토지조사사업** 수탈성의 진실

나남
nanam

나남신서 2023

일제 조선토지조사사업 수탈성의 진실

2019년 10월 31일 발행
2019년 10월 31일 1쇄

지은이　　　신용하
발행자　　　趙相浩
발행처　　　(주) 나남
주소　　　　10881 경기도 파주시 회동길 193
전화　　　　(031) 955-4601 (代)
FAX　　　　(031) 955-4555
등록　　　　제 1-71호 (1979.5.12)
홈페이지　　http://www.nanam.net
전자우편　　post@nanam.net

ISBN 978-89-300-4023-5
ISBN 978-89-300-8001-9 (세트)

책값은 뒤표지에 있습니다.

나남신서 2023

일제 **조선토지조사사업** 수탈성의 진실

신용하

나남
nanam

Truth of the Pillage of
Korean Land Survey Program
of Japanese Imperialism

by

Shin, Yong-ha

nanam

머리말

이 책을 저술한 계기는 다음 3단계를 거쳤다.

1단계는 순수한 학문 연구로 3편의 연구논문을 엮어 《조
선토지조사사업연구》라는 제목으로 1979년에 한국연구
원(1982년 지식산업사에서 재판)에서 연구총서 가운데 하
나로 간행한 것이다.

2단계는 이 연구서의 용어 등이 너무 전문적이고 난해하
다고 하여, 한 편으로 이해하기 쉽도록 고쳐 쓴 "일제 '토지
조사사업'의 실시와 토지약탈 및 농촌사회 경제의 변화"
(《일제 식민지정책과 식민지근대화론 비판》, 문학과지성사,
2006) 라는 논문이다. 이 두 저서는 모두 절판되었다.

3단계는 일부 이른바 뉴라이트 경제사학도들이 일제
'조선토지조사사업'을 한국 토지약탈이 없었고 조선에 혜
택을 준 획기적 근대화정책으로 높이 상찬한 것에 대한 반

론으로 쓴 바로 이 책이다. 그들은 한국 농민이 '토지조사사업'을 환영했다고 주장할 뿐만 아니라, 저자의 '토지조사사업' 연구서와 연구논문들을 사료도 읽지 않고 일제 토지약탈을 주장하는 '엉터리 연구'라고 공격하고 있다. 이에 독자들이 혹시라도 이러한 비판이 근거가 있다고 생각할지 몰라 오해를 풀기 위해 이 책을 썼다.

이 작은 책에서는 1장 "왜 일제 '식민지근대화론'자들의 연구를 무시했는가?"와 11장 "일제 '조선토지조사사업'은 무상 한국 토지약탈이 진실이다"만 새로 집필하였다. 2~10장은 이전 논문 "일제 '토지조사사업'의 실시와 토지약탈 및 농촌사회 경제의 변화"를 더 읽기 쉽도록 축소하고 풀어쓰는 데 중점을 두었다.

그러므로 바쁜 독자들은 1장과 11장을 먼저 읽고, 그 사이의 내용은 다소 지루할지도 모르니 틈나는 대로 이후에 읽어도 진실 이해에는 지장이 없을 것이다.

이 책이 독자들의 일제 '조선토지조사사업'의 본질과 사업내용의 진실 이해에 조금이나마 도움이 되기를 바란다.

2019년 10월
저자 삼가 씀

나남신서 2023

일제 조선토지조사사업 수탈성의 진실

차 례

1장

왜 일제 '식민지근대화론'자들의
연구를 무시했는가?

1. 종래의 연구와 일제의 종합적 식민지정책

일제하의 이른바 '조선토지조사사업'은 일제가 1910년 한
국을 완전히 식민지로 강점한 전후부터 식민지체제 수립
을 위한 1차적 작업으로서 실시한 종합적 식민지정책의 하
나였다. 또한 이 토지조사사업은 일제가 당시 한국에 대해
실시한 식민지정책의 본질적 특성을 매우 잘 나타낸다.

일제가 '조선토지조사사업'을 실시했던 당시 한국은 '토
지'를 중심으로 한 농업사회였다. 자산도 토지자산 중심
이었고, 전체생산에서 농업생산이 차지하는 비중도 절대
적으로 높았다. 이러한 상황에서 일제가 한국사회에 실
시한 토지조사사업은 당시뿐만 아니라 그 이후까지 한국

의 사회와 경제에 실로 막대한 영향을 끼쳤다.

따라서 일제강점기 한국의 농촌사회와 전체사회를 심층적으로 밝히려면 반드시 일제 '조선토지조사사업'을 구명해야 한다. 또한 당시 일제가 한국에서 실시한 식민지 정책의 본질과 특성을 알고자 할 때도 반드시 일제 '조선토지조사사업'을 선결적으로 분석할 필요가 있다. 즉, 일제 '조선토지조사사업'은 일제강점기의 한국사회사 · 사회경제사 · 일반사 · 식민지정책사 연구에서 1차적 중요성을 가진 연구주제라고 볼 수 있다.

그리하여 일제강점기 연구자들 사이에서는 일찍이 일제 토지조사사업에 대한 연구가 꾸준히 진전되고 축적되었다. 필자도 이런 연구작업에 문제의식을 갖고 참여했다.[1]

일제 조선총독부는 종래에는 한국 토지를 전혀 소유하지 못했었다가 이른바 '조선토지조사사업'의 결과로 1919년 2월 하등의 대가를 지불함이 없이 약 13만 7,224정보[2]의 농경지와 약 955만 7,586정보의 임야를 소유한 민법상의 배타적 소유권자가 되었다. 한국 전 국토의 50.4%에 달하는 방대한 면적의 토지를 어떠한 대가 지불도 없이 식민지 통치권력으로 약탈한 것이었다.

필자의 일제 '조선토지조사사업' 연구는 일제가 식민지 통치권력을 이용한 '토지조사사업' 실시를 통해 어떤 방법과 내용으로 전 국토 중 50.4%의 토지를 물권법상 조선총독부 소유지(所有地)로 만들었는지 고찰한 실증적 연구였다.

일제가 대규모로 약탈한 종래 공유지(公有地)·공유림(公有林)은 구한말에 한국 국민·백성의 공유지·공유림이었다. 한국 국민·백성이면 누구나 이 공유지·공유림에 들어가 노동력과 자본을 투입해 '개간'(開墾)해서 경작지를 만들 수 있었고, 자신이 개간한 경작지를 소유지·사유지로 법인받을 수 있었다. 한국 국민·백성은 또한 공유지·공유림에서 개간뿐만 아니라, 방목(放牧)·채석(採石)·채토(採土)에 대한 입회권(入會權)을 보장받았다.

일제는 이러한 한국 국민·백성의 공유지와 공유림을 '조선토지조사사업'을 통해 일제 '조선총독부 소유지'로 약탈하고, '국유지'를 참칭하였다. 한국 농민이 공유지를 개간하면 독립된 조선왕조 말기까지는 그 개간농지의 사유주가 되었지만 '조선토지조사사업' 이후에는 조선총독부의 소작농으로 처리되었다. 결국 일제 '조선토지조사사업'은 한국 국민·백성의 공유지·공유림을 약탈하여 조선총독부의 소유지·소유림으로 편제하고 이른바 국유지·국유림이라는 호칭을 붙인 것이었다.

그뿐만 아니라, 일제가 '조선토지조사사업'으로 약탈한 50.4%의 국토 중에는 이미 한국 농민의 개별 사유지로 등록된 약 9만 6,700정보의 농경지와, 사유림(私有林)으로 등록된 임야(林野) 약 337만 5,622정보, 합계 약 347만 2,362정보가 포함되어 있었다. 필자는 연구서에서, 일제가 이러한 사유지나 사유림을 증거문서 불충분으로 판정하여 한국 농민의 저항을 무단탄압하면서 부당하게 약탈하여 조선총독부 소유지로 강제편입시킨 사실을 밝힌 바 있다.

　　이와 같은 전국 토지에 관한 연구를 할 때 필자가 사용한 자료는 조선총독부 자료였다. 조선총독부의 통계연보, 토지조사 보고서 등을 비롯한 각종 자료를 사용해 감추어진 내용을 분석·검토했다. 일제강점기의 전국적 자료는 조선총독부가 발표한 것밖에 존재하지 않기 때문에 이것은 이 시대 연구자 누구에게나 불가피한 선택이었다.

　　또한 전국 토지에 관한 연구가 목적이었기 때문에, 지방별 사례연구는 처음부터 제외하였다. 필자는 나주군 '궁삼면(宮三面) 사건' 자료를 수집해 갖고 있었으나, 이를 사용하지 않았다. 그 결과가 모두 조선총독부 통계 안에 녹아 있었기 때문이기도 했다. 당시 일제의 토지조사부 폐기와 1950년 6·25 전쟁으로 각 군·면의 토지조사부는 대

왜 일제 '식민지근대화론'자들의
연구를 무시했는가?

부분 소실되었고 몇 곳에만 남아 있다는 소식을 들었다.

필자의 일제 토지조사사업에 대한 연구는 1979년에 《조선토지조사사업연구》(한국연구원)라는 연구서로 결실을 맺었다. 그때는 토지조사사업에 대해 선배학자들의 선구적 논문이 몇 편 있을 뿐 본격적 연구서가 없던 시절이었다. 이런 상황에서 필자는 일제가 한국의 농지와 임야를 포함한 전 국토를 약탈한 사실을 조선총독부 통계자료를 사용해 증명했던 것이다.

그 때문에 필자는 교과서 등에 일정한 영향을 끼친 것이 사실이지만, 동시에 반대 견해를 가진 학자들의 공격을 감내해야만 했다.

2. 식민지근대화론자들의 실상

1991년에 일본 도쿄에서 필자와 대립하는 견해를 가진 미야지마 히로시〔宮嶋博史〕박사의 연구서 《朝鮮土地調査事業史の研究》(도쿄대학 동양학연구소)가 출간되었다. 이어 미야지마 박사가 한국에 들어오자 이영훈 씨 등 몇 사람이 그와 함께 공동연구를 하여 책을 펴냈다.

필자가 이를 그동안 무시하고 언급하지 않은 이유는 미야지마 박사 등이 조선왕조 말기(20세기 초)의 토지소유제도를 고려 초기(10세기)와 같은 이념상의 농경지 공전제(公田制)로 오해했을 뿐 아니라, 일제 '조선토지조사사업'을 한국에서 토지사유제·근대적 소유제를 처음으로 확립시킨 '세계사적 의의'를 가진 근대화정책으로 결론지었기 때문이다.

이러한 주장은 일제 식민정책이 정체(停滯)된 한국을 근대화하는 혜택을 베풀었다는 이른바 '식민지근대화론'의 하나이다. 일제 조선총독부 토지조사국이 발표한《朝鮮土地調査事業報告書》(1918년)와 이 보고서의 작성책임자 와다 이치로[和田一郎]의《朝鮮ノ土地制度地稅制度調査報告書》(1920년)의 주장 및 이완용(李完用)의 축사와 본질적으로 동일한 내용이었다.

필자는 어이가 없었으나 외국학자의 황당한 주장에 맞서 논쟁하는 것이 적절치 않다고 판단하여 이를 언급하지 않았다. 그 후 이영훈 씨 등이 발표한 일제 토지조사사업에 대한 미화 논문 대부분이 미야지마와 유사하거나 동일했기 때문에 일체 무시하고 다루지 않았다.

또 하나의 이유는 필자가 서울대 경제학과의 젊은 교수

왜 일제 '식민지근대화론'자들의
연구를 무시했는가?

시절 후반기(1965~1974년)에 당시 서울대 경제학과 학생이던 이영훈 씨를 지도교수는 아니지만 가르친 경험이 있기 때문이다. 그때 젊은 학도가 어떻게 일제 '토지조사사업'처럼 명백한 토지약탈 식민지정책을 저렇게 긍정하고 미화할 수 있는가 개탄하면서 안타깝게 여겼었다.

그 후 필자가 서울대 사회학과 교수로 재직할 때 낙성대 경제연구소에서 필자의 토지조사사업 연구를 사실과 다르게 혹평했다고 조교들이 반론을 요청했다. 그때는 필자가 너무 바쁜 시기여서 일단 미뤄 두라고 그 요청을 거절했다.

그런데 최근(2019년 7월)에 또 이상한 책을 내고 그 책머리에서 필자의 토지조사사업 연구를 과격하게 비판했다는 소식을 들었다. 조교에게 자료를 모아 달라고 해서 살펴보았더니, 필자의 주장을 왜곡하고 전혀 사실이 아닌 것을 마치 사료와 실증에 의거한 진실인 것처럼 주장하는 망언이었다. 더 이상 '진실'을 밝히는 일을 미룰 수 없었다. 필자는 1992년과 1979년에 발표한 논문을 간추려서 읽기 간편한 책으로 내놓아 독자들이 진실을 알 수 있게 해야겠다고 결심했다.

이 책은 사회과학에서 중시하는 거시사·구조사·구조변동사·전체사·장기사의 관점에 의거하여 일제 '조선토지조사사업'의 본질과 내용을 밝혔다. 그럼으로써 일제의 한국 토지약탈 및 식민지정책상의 특징과 '조선토지조사사업'이 한국 농촌사회·경제의 구조적 변동에 미친 영향을 실증적으로 고찰하였다.

일제 토지조사사업의 본조사는 1910~1918년에 주로 실시되었다. 하지만 한국 토지약탈을 위한 조선총독부 '소유예정지(이른바 국유지) 조사'는 이미 1906년 일제 통감부 설치 직후부터 시작되어 1910년까지 실시되었다. 광대한 면적의 임야를 약탈하기 위한 '임야조사사업'은 토지조사사업에 대한 보완정책으로서 1917~1924년에 실시됐다.

따라서 이 책은 일제 토지약탈 식민지정책의 일환인 토지조사사업의 실체를 규명하기 위해 필요에 따라 조선총독부 소유예정지 조사와 임야조사사업 결과도 포함시키면서 넓은 의미에서 일제 토지조사사업 내용을 밝히고자 한다.

주

1 ① 朴文圭, "農村社會分化の起點としての土地調査事業に就て", 京城帝國大學法文學會, 《朝鮮社會經濟史研究》, 서울, 1933.
② 李在茂, "朝鮮における '土地調査事業' の 實體", 〈社會科學研

究〉, 7권 5호, 東京, 1955.

③ 權寧旭, "日本統治下の朝鮮における所謂'驛屯土問題'の實體", 《朝鮮近代史料集成》, 3권, 東京, 1960.

④ 林炳潤, "土地調査事業と商業的農業の生成", 《植民地における商業的農業の展開》, 東京, 1971.

⑤ 愼鏞廈, "日帝下의'朝鮮土地調査事業'에 대한 硏究", 《韓國史硏究》, 15집, 서울, 1977.

⑥ _____, "日帝下의'朝鮮土地調査事業'에 있어서의'國有地'創出과'驛屯土'調査", 〈經濟論集〉, 17권 4호, 서울, 1978.

⑦ _____, "日帝下의'朝鮮土地調査事業'과 農民의 耕作權·開墾權·賭地權·入會權", 《朝鮮土地調査事業硏究》, 서울: 한국연구원, 1979.

⑧ 姜英心, "日帝下의'朝鮮林野調査事業'에 관한 연구"(상·하), 《韓國學報》, 33~34집, 서울, 1983.

⑨ 裵英淳, "朝鮮土地調査事業期間의 國有地紛爭에 있어서 所有權의 整理方向", 《일제의 한국식민통치》, 서울: 정음사, 1985.

⑩ 趙錫坤, "朝鮮土地調査事業에 있어서 所有權調査過程에 관한 연구", 《經濟史學》, 10호, 서울, 1986.

⑪ 裵英淳, "朝鮮土地調査事業의 있어서 金海郡의 土地申告와 所有權査定에 대한 실증적 검토", 〈人文硏究〉, 8권 2호, 대구: 嶺南大 人文科學硏究所, 1987.

2 1정보(町步)는 3,000평으로 약 9,917.4m²에 해당한다.

2장

'토지조사사업'에 대한
종래 견해의 문제점

1. '일제 조선토지조사사업이 토지사유제를
성립시켰다'는 견해의 오류

일제하의 '조선토지조사사업'에 대한 종래 연구는 여러 가지 측면을 많이 밝혀냈음에도 불구하고 토지조사사업의 내용과 본질에 대한 해석에서 근본적 착오를 내었다고 볼 수 있다. 그 대표적인 것이 다음과 같은 몇 가지 해석이라고 할 수 있다.

첫째, 일제하의 '토지조사사업'에 의하여 한국 역사상 처음으로 근대적 토지사유제도와 토지사유권이 확립되었다는 견해다. 최근까지 토지조사사업에 대한 종래의 모든 연구는 예외 없이 이러한 견해를 주장해왔다. 또한 현재도 일부 연구자들 사이에서는 이 견해가 신봉되고 있는 실정이다.

일제하의 '토지조사사업'으로 한국 역사상 처음으로 토지사유제도가 확립되었다는 견해는, 일제의 조선총독부 임시토지조사국 총무과장 겸 분쟁조사위원회 위원장으로서 일제 '토지조사사업'의 실무책임자였던 와다 이치로 보고서의 설명을 무비판적으로 받아들인 영향이 지속되었기 때문에 형성된 것으로 보인다.

와다 이치로는 이 보고서에서 조선왕조 말기까지의 한국의 토지소유권제도를 기본적으로 토지공유제(土地公有制)라고 보았다. 즉, 그는 조선왕조 시대 말기까지 토지사유제도의 토지사유권이 확립되지 않았었는데, 일제의 '토지조사사업'을 통해 비로소 토지공유제가 해체되고 한국 역사상 처음으로 토지사유제도가 확립됐다고 주장했다.[1]

그러나 이 시대의 자료들과 일제 토지조사사업의 내용을 검토해 보면, 이러한 견해는 역사적 사실과 전혀 일치하지 않음을 바로 알 수 있다. 한국 역사에서 토지사유제도와 토지사유권은 토지조사사업 실시 훨씬 이전인 15세기의 조선왕조 시대에 이미 확립되었다.[2] 그 증거로서 우선 규장각에 매우 많은 토지사유 문기(文記)와 사유토지

〈그림 2-1〉 조선왕조 후기 토지대장 강희양안(1719년)

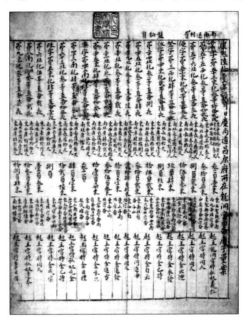

매매문서들이 있고, 조선왕조 법전들에도 사전(私田) 매
매에 대한 규정들이 있다.

　일제도 '토지조사사업' 실시에 앞서 한국 구래의 토지소
유관습 조사를 하면서 이미 조선왕조 시대에 토지사유권
과 토지사유제도가 확립되었음을 확인하였다.[3] 일제의 조
사는 또한 1898년의 경인철도 부설 때에 증명된 바와 같

이, 조선왕조 후기에 민유지를 공공목적을 위해 수용할 때는 반드시 토지소유자에게 토지대금을 지급했음을 명백히 확인했다.[4] 조선왕조 시대에 사적 토지제도와 토지사유제도가 확립되어 전개되었다는 엄연한 사실에 기초해 조선왕조 시대 지주제도가 비로소 전개될 수 있었던 것이다.[5]

일제의 '토지조사사업'은 토지소유권 문제와 관련해서 볼 때, 이미 조선왕조 말기까지 확립되었던 토지사유제도와 토지사유권을 '재법인한 것'에 불과했다. 도리어 그보다는 그들의 식민지정책상의 목적을 달성하는 것이 이 '사업' 실시의 긴급하고 본질적인 목적이고 과제였다.

2. '토지조사사업이 농촌사회 분화의 기점'이라는 견해의 오류

둘째로 문제되는 견해는, 일제하의 '토지조사사업'이 한국 농촌사회 분화의 기점(起點)이라는 견해다.[6] 이 견해도 일제 토지조사사업이 한국 역사상 처음으로 토지사유제도를 확립했다는 주장을 받아들여 전제로 한 데서 도출된 해석이라고 볼 수 있다.

그러나 이 시대의 자료들과 '토지조사사업'의 내용을 검

'토지조사사업'에 대한
종래 견해의 문제점

토해 보면, 이러한 견해 역시 역사적 사실과는 일치하지 않음을 알 수 있다. 우리나라에서 농촌사회 분화는 이미 조선왕조 시대에 사적 토지제도가 전개됨에 따라 급속하게 진전되고 있었다.

다산(茶山) 정약용(丁若鏞)은 이미 18세기 말~19세기 초 무렵에 농촌사회 분화가 광범위하게 전개되어 전라도 지방의 경우, 총농가호수 중에서 지주가 5%, 자작농이 25%, 순소작농 및 자소작농이 70%에 달한다고 기록하였다.[7] 1907년 탁지부 조사에서도 이미 농민층 분화가 현저하게 진전되어 전국에 걸쳐 자작농민 30%에 대하여 소작농민은 70%에 달하며,[8] 토지 없는 양반들이 매우 광범위하게 존재하고 있음이 확인되었다.[9]

일제 '토지조사사업' 실시 중에 농촌사회 분화의 전국통계가 발표된 것은 그 농민층 분화의 역사적 사실이 이때 처음 시작되었음을 나타내는 것이 아니다. 이미 그 이전에 일어나서 누적되어온 역사적 사실이 그때 처음으로 전국통계로서 포착되었음을 나타내는 것에 불과하다. 그러나 일제 토지조사사업이 한국 농촌사회 분화의 기점은 아니었다 할지라도, 토지조사사업에 의해 농촌사회의 분화가 한층 더 격화된 것은 엄연한 역사적 사실이다.

3. '일제 토지조사사업이 대한제국 양전사업의 계승'이라는 견해의 오류

셋째로 문제가 되는 견해는 일제 '토지조사사업'을 조선왕조나 대한제국의 양전(量田)사업의 계승으로 보는 견해다.[10] 이는 외견상 그럴듯하게 보이나 역사적 사실과는 일치하지 않는, 정확하지 못한 고찰이라고 볼 수 있다. 왜냐하면 양전사업과 같은 수취체계 정비사업은 그것이 수반하는 다른 개혁정책과 결부되어 고찰될 때 그 역사적 성격이 규명되는데, 조선왕조와 일제 조선총독부의 수취체계 및 그 정책은 전혀 다른 것이었기 때문이다.

독립국가로서의 조선왕조나 대한제국 양전사업은 조세체계(지세체계) 정비를 목적으로 한 단순한 '생산물'의 수취체계 정비사업으로 당시의 국가재정상의 요청과 결부되어 있었다. 크게 말하면 조선왕조 내부의 사회경제적 요청과 내부적으로 결부된 것이었다. 그곳에는 '생산물'의 수취체계 정비에는 관심이 집중되어 있었으나, '생산수단'인 '토지'를 백성들로부터 약탈하려는 목적은 별로 개재되어 있지 않았다.

그러나 일제하의 이른바 '조선토지조사사업'은 당시 한

〈그림 2-2〉 광화문 앞 토지조사국원
양성소 졸업생 기념촬영(1911년)

국의 사회적 요청과는 완전히 유리되어 외부로부터 강요
된 일제 식민지정책의 일환으로 전개되었다. 그것은 '생
산물'의 수취체계 정비와 함께 그보다 더 '생산수단'인 '토
지'의 약탈을 주요목적으로 삼았다.

단적으로 말하면, 일제 토지조사사업은 조선왕조의 양
전사업에 관련되었다기보다 오히려 일제가 대만과 오키
나와 등지에서 실시한 토지조사사업과 역사적 성격에서
직접 연결된 것이었다고 볼 수 있다. [11]

이 때문에 일제 '조선토지조사사업' 실시 당시에 조선

왕조의 양전지계사업(量田地契事業)에서는 도저히 그 유례를 찾아볼 수 없는 가열한 토지약탈과 농민권리 소멸이 자행된 것이다.

그러므로 일제하의 '토지조사사업'에 대한 연구는 일제 식민지정책 당국자의 설명에 영향을 받기보다, 원 자료에 의거한 객관적 · 과학적 · 거시적 · 구조적 · 장기사적 분석이 필요하다.

주

1 和田一郎, 《朝鮮土地制度地稅制度調査報告書》, 東京, 1920 참조.
2 Shin, Yong-Ha, "Kwajon Land Reform and the Establishment of Private Landlordism in the Early Yi Dynasty Korea, 1391∼1470", *Seoul National University Economic Review*, 4(1), 1970 에서 토지사유제도가 이미 15세기에 성립되었음을 밝히었다.
3 內閣不動産法調査會, 《韓國ニ於ケル土地ニ關スル權利一班》, 1907, 14∼16쪽 참조.
4 內閣不動産法調査會, 《韓國不動産ニ關スル調査記錄》, 1906, 6쪽 참조
5 愼鏞廈, "朝鮮王朝末期의 地主制度와 小作農民層", 《曉岡崔文煥博士追念論文集》, 1977(《韓國近代社會史硏究》, 일지사, 1987

수록) 참조.

6 朴文圭, "農村社會分化の起點としての土地調査事業に就て", 京城帝國大學法文學會, 《朝鮮社會經濟史研究》, 1933 참조.

7 《丁茶山全書》(上) 文獻編纂委員會, 詩文集, 文, 1집, 권 9, 60쪽 참조.

8 度支部司稅局, 《韓國, 土地ニ關スル調査》, 1907, 23쪽 참조.

9 〈皇城新聞〉, 3249호, 1909. 12. 16, '雜報'(土地有無者調査). "度支部에서 전국 내에 土地所有者 及 土地가 無意 者의 調査表를 據흔즉 위선 全羅道에서는 士族 중에 土地所有者가 四千八百二拾이오 토지가 無흔 자는 一萬七千六百二拾六人이되 合爲 萬二千七百四拾六人이오, 吏校 중에 토지소유자는 百六拾三人이오 토지 無흔者는 二千七百六人디 合爲 二千八百四拾二人이오, 통계흐면 萬五千五百八拾八人이러라." 참조.

10 田中愼一, "韓國財政整理における'徵稅臺帳'整備について: 朝鮮土地調査事業史研究序論", 《土地制度史學》, 68집, 1974 참조.

11 度支部, 《韓國土地調査計劃書》, 1910, 25쪽 참조. 여기서 일제는 '조선토지조사사업'의 계획을 수립함에 있어 그들이 오키나와(1898년 7월~1903년 10월)와 대만(1898년 9월~1905년 3월)에서 실시했던 토지조사사업과 비교하고 있음을 알 수 있다.

3장

'토지조사사업'의 목적

1. 조선총독부 소유 토지약탈의 목적

일제가 한국에 대한 식민지정책의 1차 작업으로 '토지조사사업'을 서둘러 실시한 데는 특히 다음과 같은 중요한 정책적 목적이 있었다고 볼 수 있다.

첫째, 일제 조선총독부가 종래 한국인의 소유지인 한국 국토에 대하여 최대한의 토지를 약탈하여 일제 조선총독부 소유지로 편입시키기 위한 것이다.

조선왕조 말기까지 한국인의 토지소유제도와 관련된 토지 종류는 ① 사유지〔私田·民有地〕, ② 관유지〔衙門屯田·驛土〕, ③ 왕실소유지〔宮房田〕, ④ 공유지〔無主開曠地: 백성들의 개별 사적 소유지가 아닌 공유지〕 등이 있었다.

〈그림 3-1〉 '조선토지조사사업'을 기획한 조선총독부 청사

　　일제는 우선 '토지조사사업'을 통해 종래의 공유지를 일
제 조선총독부의 소유지(이른바 국유지)로 약탈·편입시
키려고 했다. 종래 조선왕조의 공유지는 주로 산림으로
구성되어 있어 국민들이 개간권·입회권 등 각종 권리를
갖고 그들의 소유경작지로 전환할 수 있는 토지였다. 즉,
일제가 물권법상 사유권을 가진 조선총독부의 소유지로
편입시킨 후 이른바 국유지로 호칭한 것의 성격과는 큰 차
이가 있었다. 일제는 '토지조사사업'으로 일물일주(一物
一主)의 사유권이 설정되지 않은 부분의 모든 한국 국토
를 1차적으로 '조선총독부 소유지'로 약탈하려 했다.

'토지조사사업'의
목적

〈그림 3-2〉 '조선토지조사사업'을 실행한 임시토지조사국 청사(1910년대)

둘째, 일제가 조선왕조의 관유지와 궁실소유지를 최대로 창출해 일제 조선총독부 소유지로 약탈해 편입시키기 위한 것이다.

일제는 조선왕조의 관아(官衙)가 소유권을 가진 아문둔전(둔전) 및 역토와 왕실이 소유권 또는 수조권을 가진 궁방전을 민유지까지 포함해 최대한으로 창출했다. 그리고 이들을 조사·정리해 '무상'으로 조선총독부의 소유지로 약탈 강제편입시켰다. 이로써 조선총독부가 지주가 되어 소작료와 지세(地稅)를 수취해 재정수입을 확보하려는 것이 일제 '토지조사사업'의 또 하나의 중요한 목적이었다.[1]

〈그림 3-3〉 토지약탈에 적극 참가한 동양척식주식회사 청사

  셋째, 일제 조선총독부가 한국 내 광대한 면적의 미간
지(未墾地)에 착안해, 약간의 투자로써 경작지로 개간 가
능한 미간지를 일제가 무상으로 점유하기 위한 것이다.
  일제는 이미 조선왕조 말기부터 한국 내에 약간의 투자
로써 농경지로 개간할 수 있는 광범위한 미간지가 존재하
고 있음에 착안해 이를 점탈하려고 시도했었다.[2] 1910년
이후에는 '토지조사사업'을 통해 전국에 걸쳐 개간 가능한
미간지의 면적·위치·지형·지모를 정밀히 조사하고 무
상으로 점유하고자 했다. 이를 장래 일본인 이민(日本人
移民)에게 불하하고, 개간 후에는 한국 농민에게 소작시

켜 지세와 소작료의 수입을 수취하려는 것이 '토지조사사업'의 또 하나의 중요한 목적이었다.

2. 조선총독부 지세수입 증가의 목적

넷째, 지세수입을 증대시켜 일제 식민지통치를 위한 조세수입체제를 확립하기 위한 것이다.

일제는 식민지통치를 위한 재정자금을 확보하려면 조세수입을 증대시켜야 했다. 그런데 당시에는 지세수입이 조세수입의 대종을 이루었으므로, 조세수입 증대를 위해 은결(隱結)을 찾아내고 각 필지(筆地)의 면적과 경계 등을 정확히 조사할 필요가 있었다. 즉, 일제 조선총독부의 조세수입을 증대시키기 위한 세원을 확보하고 정비하려는 것이 '토지조사사업'의 또 하나의 중요한 목적이었다. [3]

3. 일본자본의 한국 토지소유 증명제도 수립의 목적

다섯째, 일본자본의 한국 토지점유에 적합한 토지소유 증명제도를 확립하기 위한 것이다.

조선왕조 말기에도 토지는 사유권이 확립되어 상품으로서 자유롭게 매매되고 있었다. 그러나 등기제도 등 사유권을 법제적으로 보장하는 증명제도가 충분치 않았고, 토지에 사유권 외에도 농민층의 각종 권리가 부착되어 성장하고 있어 일본자본의 토지점유에 장애요소가 되었다.

그러므로, 토지의 사유권에 대해 지주의 권리만을 인정하고 그 외의 농민의 각종 권리는 모두 배제하여 토지매매를 더 자유롭게 하고, 토지등기제도와 지번(地番) 제도 등을 도입하여 이에 대한 제도적 보장을 해주려는 것이 일제의 '토지조사사업'의 또 하나의 중요한 목적이었다. 4

여섯째, 조선왕조 말기에 불법적으로 일본의 상업·고리대자본이 한국 토지를 점유한 것을 합법화하기 위한 것이다.

개항 후 한국에 들어와 상권(商權)을 독점한 일본 상인·상업자본은 생산물의 거래에 만족하지 않고 생산수단인 토지 그 자체를 점유하는 데 그 활동을 집중하기 시작했다. 그러나 외국인의 토지소유는 조선왕조의 법률상 여전히 위법이었으며 한국인들의 강력한 저항을 받았다. 따라서 일본인들의 토지매수와 토지점유의 합법화가 일본 상업자본에 의해 강력히 요청되었다.[5]

1905년 일제는 '을사늑약'에 의해 한국에 통감부를 설치하고 정치적으로 대한제국 정부를 지배할 수 있게 된다. 그러자 주로 일본인의 토지·가옥의 매매와 소유권을 법적으로 보장하는 임시법규로서 '토지가옥증명규칙'(土地家屋證明規則)을 비롯한 일련의 임시법령을 반포하였다.[6]

그러나 일본인의 토지소유와 매매·저당을 보장하는 임시규칙이 반포되었다 해도 그것은 제3자에게 충분히 대항할 만한 것은 아니었다. 일본인의 토지점유를 신성불가침의 것으로 법률적 보장을 해주는 등기제도는 아니었던 것이다.

그러므로 일본인의 토지점유를 완전히 합법화하여 보장하는 법률적 제도를 확립하려는 것이 일제의 '토지조사사업'의 또 하나의 중요한 목적이었다.

4. 일본인 이주식민 지원의 목적

일곱째, 일제의 한국 강점 후 더욱 급증하는 일본이민에게 조선총독부가 약탈한 토지를 불하하여 한국에의 일본 식민(日本植民)에 대한 제도적 지원책을 확립하기 위한 것이다.

일제는 '토지조사사업'을 통해 일부 민유지까지도 조선총독부의 소유지로 약탈·편입시켜 광대한 면적의 이른바 '국유지'를 강제 창출했다. 그리고 이를 동양척식주식회사를 비롯한 각종 일본 식민회사들을 통해 일본인 이민에게 저렴한 가격으로 불하하는 제도적 보장책을 확립하려는 것이 '토지조사사업'의 또 하나의 중요한 목적이었다. [7]

5. 일본 발전을 위한 식량 및 노동력 공급증가의 목적

여덟째, '토지조사사업'은 일본 공업화에 소요되는 식량과 원료, 특히 미곡의 일본으로의 수출증가를 지원할 수 있는 토지제도를 정비하기 위한 것이다.

일제는 일본 공업화에 따라 식량부족에 직면하자 이를

한국에서 공급받기 위해 그에 대비하는 토지이용제도를 만들고자 했다. 또한 토지의 지형지모(地形地貌) 조사를 시행해 식량수출 증대정책에 대응하는 토지이용체제를 수립하려는 것이 '토지조사사업'의 또 하나의 목적이었다. [8]

아홉째, 일본 공업화에 따른 일본 산업자본의 노동력 부족문제를 한국의 소작농을 임대노동자화함으로써 해소시키는 제도적·구조적 기초를 마련하기 위한 것이다.

일제는 '토지조사사업'을 통해 토지에 부착되어 성장하는 한국 소작농의 권리들을 완전히 배제하여 소작농을 토지소유 및 경작권으로부터 완전히 분리하였다. 이로써 일본 산업자본이 필요할 때는 언제나 한국 소작농을 일본 공업을 위한 임대노동자로 전환시킬 수 있는 구조를 만들려는 것이 일제의 '토지조사사업'의 또 하나의 중요한 목적이었다.

일제의 '조선토지조사사업'은 이러한 다각적 목적을 달성하기 위한 종합적 식민지정책이었다. 또한 한국을 실질적 식민지로 개편하기 위해 가장 중요하고 긴급한 1차적 식민지정책으로 일제에 의해 간주되어 우선적으로 시행된 것이었다.

주

1 〈大韓每日申報〉, 7권 118호, 1909. 8. 29, '雜報'(民冤宜念)
참조.

2 〈京城申報〉, 707호, 1911. 6. 18, '未墾地調査' 및 〈皇城新聞〉,
7353호, 1910. 4. 30, '雜報'(耕地面積總統計表) 참조.

3 度支部, 《土地調査綱要》, 1909, 1~3쪽 및 15~18쪽 참조.

4 《土地調査綱要》, 6~10쪽; 藤井寬太郎, 《朝鮮土地談》, 1915,
10~11쪽 참조.

5 朝鮮總督府臨時土地調査局, 《朝鮮土地調査事業槪覽》, 1916,
4쪽 참조.

6 內閣不動産法調査會, 《土地家屋證明規則要旨》, 1907, 1~16쪽
참조.

7 〈皇城新聞〉, 3390호, 1910. 6. 8, '雜報'(土地調査에 民情) 참조.

8 朝鮮總督府臨時土地調査局, 《土地調査事業의 說明》, 1912,
8쪽 참조.

4장

일제의 조선총독부 소유지='국유지' 조사에 의한 토지약탈

1. 조선총독부 소유지 = '국유지' 조사의 특성과
   조선총독부 소유지 = '국유지' 조사의 4단계

일제의 '조선토지조사사업'은 여러 각도에서 고찰할 수 있다. 여기서는 토지소유권을 중심으로, 조선총독부 소유지로 예정하여 약탈하려는 의도에서 호칭한 이른바 '국유지 조사'와 한국 민간인 사유지의 '민유지 조사'로 나누어 고찰하겠다.

실제로 일제의 한국 토지점탈을 위한 본격적 식민지정책은 1907년부터 일단 농경지를 이른바 '국유지'와 '민유지'로 나눠 국유지점탈정책부터 집행되었다. 일제의 국유지라는 호칭의 토지점탈을 위한 식민지정책은 민유지에 대한 그것과는 성격상 근본적 차이가 있었다.

즉, 일본자본의 민유지 점유는 일제 식민지정책의 적극적 지원에도 불구하고 일단 경제과정을 통한 자본의 지출을 수반하는 토지점유였다. 이에 비해 종래 공유지의 국유지라는 호칭의 점탈은 자본의 지출을 수반하지 않고 식민지 통치권력에 의거해 '무상'으로 조선총독부 소유예정인 방대한 면적의 토지를 점탈하는 것이었다.

국유지점탈정책은 일본 제국주의가 한국을 식민지화함으로써 무력에 의거해 일거에 진행할 수 있었던 식민지약탈정책의 하나였다. 일제가 민유지에 대한 '토지조사사업'의 본격적 실시에 앞서 국유지점탈정책을 서둘러 실시한 것도, 그것이 자본을 지출하지 않고 식민지 통치권력에 의거해 무상으로 조선총독부 소유예정 토지를 약탈할 수 있는 방법이었기 때문이라고 볼 수 있다.

따라서 일제 식민지정책의 본질은 조선총독부 소유예정 토지를 점탈한 이른바 국유지점탈정책에서 더욱 적나라하게 드러난다고 말할 수 있다.

일제의 한국에 대한 식민지정책의 일환인 국유지점탈정책은 세 부문으로 나누어 볼 수 있다. 즉, ① 농경지점탈정책 ② 미간지점탈정책 ③ 산림·임야·산지점탈정책

등이다. 이 장에서는 먼저 일제의 농경지점탈정책부터 살펴보겠다.

일제의 한국 농경지에 대한 이른바 '국유지 조사'는 기본적으로 다음 4단계를 거쳐 실시되었다.[1]

1단계는 1907년부터 1908년 사이에 '재정정리·제실(帝室: 대한제국 황실) 재산정리'를 한다는 명목으로 이뤄졌다. 이 단계에는 종래 관청의 토지인 역토·둔토뿐만 아니라 종래 궁방(宮房)의 토지인 궁장토(宮庄土)·목장토(牧場土)·능원묘위토(陵園墓位土) 등 기타 각종 토지를 이른바 '역둔토'(驛屯土)에 포함시켰다. 이로써 조선총독부 소유예정지인 이른바 국유지 면적을 강제 창출하고 확보한 것이다.

원래 조선왕조 시대의 역둔토는 역토와 둔토만을 의미했다. 그러나 일제는 이 단계부터 모든 종류의 조선총독부 소유예정지로서의 이른바 국유지를 총칭하여 역둔토라고 부르기 시작하였다.[2]

역둔토란 명칭은 갑오개혁 이후 전게 역토 및 둔토 등의 총칭으로서 사용되었다. 궁내부 내장원 관리 당시에 있어 역둔토의 종목을 들면, 둔토(屯土)·역토(驛土)·목장

(牧場)·제언답(堤堰畓)·죽전(竹田)·저전(楮田)·송전(松田)·강전(薑田)·노전(蘆田)·시전(柴田)·초평(草坪)·봉대기지(烽臺基地)·공해기지(公廨基址)·사찰좌지(寺刹坐地) 등이다.

그러나 융희 2년 각 궁장토 및 능원묘(陵園墓) 부속지 등과 함께 궁내부 소관을 폐하여 일체 국유재산으로서 탁지부(度支部) 소관에 귀속시킨 이래 차등 각종의 토지를 합쳐 이를 역둔토라고 총칭하기에 이르렀다. 오늘날 역둔토라 칭하는 것은, 즉 이상 각종 토지를 포용시킨 국유 전답의 총칭인 것이다. [3]

2단계는 1909년 6월부터 1910년 9월 사이에 앞서 국유지로 강제 창출한 토지에 대해 이른바 '역둔토실지조사'(驛屯土實地調査)가 진행되었다. 이 조사에서는 그들이 강제 창출해 확보한 조선총독부 소유예정지인 국유지 면적과 소작료 그리고 소작농에 대한 현지조사가 이뤄졌다.

3단계는 1910년 9월부터 1918년 1월 사이에 주로 민유 농경지에 대한 '토지조사사업'을 본격적으로 실시하는 도중에 이뤄졌다. 이 단계에는 조선총독부 소유예정지인 국유지로 강제 창출해 확보한 토지에 대해 신고 또는 통지를 통해 토지대장 등 각종 장부를 갖췄다. 이른바 '국유지'라는 이름으로 일제 '조선총독부의 소유권'을 등기한 것이다.

4단계는 1918년 1월부터 1918년 12월 사이에 '토지조
사사업'의 부대사업으로서 이른바 '역둔토분필조사'(驛屯
土分筆調査)를 실시했다. 그리하여 소작농별 지목별 강
계(疆界)를 사정(査定)하고 국유지대장과 지적도를 작성
했다. 이로써 조선총독부 소유지에 대한 일제의 점탈지
배체제를 최종적으로 확립하여 완료했다.

일제는 이러한 4단계를 거치면서 다음과 같은 방법으
로 농경지에 대해서 조선총독부 소유지를 강제 창출하여
일제 조선총독부의 소유지로 약탈하였다.

2. 무토역둔토의 조선총독부 소유지(국유지)화

일제는 첫째로 종래의 '무토역토'(無土驛土), '무토둔토'
(無土屯土), '무토목장토', '제언답', '능원묘', '내외해자'
(內外垓字) 등을 조선총독부 소유지(이른바 국유지)에 강
제편입시켰다.

여기서 '무토'란 토지의 소유권은 인민(人民)이 갖고
오직 지세만을 토지를 소유한 백성이 국가가 지정한 역

(驛)이나 관아나 군영(軍營), 기타 등에 납부하는 민유지를 의미했다. 즉, '무토'란 지세를 수취하는 관아의 입장에서 관아의 '소유권이 무(無)한 토지', 관아의 '실제소유가 무(無)한 토지'라는 의미를 함축한다.

따라서 이러한 무토역둔토는 그 이름이 아무리 역둔토일지라도 그 소유권은 어디까지나 백성에게 있는 민유지의 일종이었다. 오직 그 지세징수권만 특정 역·관아·군영에 이속된 토지에 불과했다. 따라서 무토역둔토(無土驛屯土)는 명명백백한 민유지(인민의 사유지)였다.

역토의 예를 들면, 여러 종류의 역토 중에서 ① 역공수전(驛公須田) ② 장전(長田) ③ 부장전(副長田) ④ 급주전(急走田) ⑤ 참아록전(站衙祿田)은 처음부터 백성이 사유권을 가진 민유지를 수세권(또는 통칭 수조권)만을 역(驛)·참(站)·원(院)에 배당한 '무토역토'였다.[4] 한편 ⑥ 마전(馬田)과 ⑦ 원주전(院主田)은 궁유지로서 실제로 관아가 토지소유권을 가진 '유토역토'(有土驛土)였다.[5]

이러한 '무토역둔토'에서는 소유권이 백성들에게 있었기 때문에, 즉 민유지였기 때문에, 역·관아·군영이 백성들(농민들)로부터 징수한 것은 '소작료'가 아니라 '지세'뿐이었다.

일제의 조선총독부 소유지 = '국유지'
조사에 의한 토지약탈

주목해야 할 것은 무토역토에 대하여 조선왕조 정부는 언제나 이를 '민유지'로 인정했다는 사실이다. 가까운 시대의 예를 들면 갑오개혁 때 '갑오승총'(甲午陞摠: 1894년 토지대장 총기재)을 하면서 정부는 무토역토에 대해 다음과 같이 언급했다.

결세인즉 공수위전을 보산역에 내게 하고 토지인즉 각각 논주인이 있어서 오백여 년 서로 매매해오던 토지라(結則 以公須位로 付寶山驛이옵고, 土則 各有畓主하야 五百餘年 轉相賣買之地也).[6]

즉, 역공수전 등 무토역토는 백성의 사유지이고 결세만 특정 역에 납부해온 민유지임을 재확인한 것이다. 역토 등 기타 관아둔전(官衙屯田)의 경우도 이와 마찬가지였다.

갑오개혁 때 조선왕조 정부는 구래의 역참(驛站) 제도를 폐지하고 근대적 교통·통신제도를 채택했다. 이와 동시에 역토 등 면세지에 대하여 대장기재를 하고 기재된 토지를 조사하는 조사정리 작업을 진행했다. 그 과정에서 민유지인 무토역토는 이를 백성들에게 돌려주고, 관유지인 유토역토만을 농상공부·군부를 거쳐 탁지부와

궁내부에서 관장하게 하였다.[7]

그러나 일제는 조선총독부 소유예정지(이른바 국유지)에 대한 '토지조사'를 하면서 이러한 무토의 역둔토를 그것이 무토(즉, 토지소유권이 백성에게 있는 토지)라는 사실을 고의로 외면했다. 그리고 '무토' 다음 단어로 '역둔토'라는 명칭이 붙어 있었음을 구실로 모두 조선총독부 소유예정지에 편입시켜 일제 조선총독부의 소유지로 만들어 버렸다.

다시 말해, 일제가 그들의 식민지 통치권력과 무력으로 한국 농민들의 민유지를 강제로 약탈하여 일제 조선총독부의 소유지로 편입시킨 것이었다. 물론 일제의 이러한 민유지 약탈정책은 무토역둔토나 민유지를 알지 못해서 실시한 것이 아니었다. 오히려 그것을 잘 알면서도 고의로 일제 조선총독부의 소유지 면적을 무상으로 확대하기 위해 실시한 것이었다.

그 증거 사례로, 백성들의 사유지로 지세만 역에 납부하던 '무토역토'[驛公須田·長田·副長田·急走田·站衙祿田 등]가 이서(吏胥)들의 사무착오로 유토역으로 간주된 경우를 살펴보겠다. 갑오경장의 조선왕조 정부는 이를 시정하여 백성들의 사유지로 명백히 돌려준 반면에,

일제는 토지조사사업 때 바로 이 토지를 다시 빼앗아 조선총독부 소유지(국유지)로 강제편입시켰다.

또 하나의 예로, 일제의 《조선토지조사사업보고서》에 기재된 경상남도 함양군의 한 토지를 들 수 있다. 이곳은 원래 민인의 사유지로 지세만 역에 납부하던 '민결상납' (民結上納)의 땅이었다. 그런데 갑오개혁의 역을 폐할 때 '역위토'(驛位土, 유토역토)라고 잘못 처리되어 '관청 소유'로 편입되었다.

이에 이 토지의 소유자인 농민이 정부관리의 오판을 지적하여 수차례 청원하자, 조선왕조 정부는 이를 심사한 후 민유지임을 확인해 주었다. 즉, 이 토지가 '민유'라는 지령을 해당 역에 내리고 역의 《현규》(絃規)라고 칭하는 책부(冊簿)에도 이 땅을 명확히 '민유'라고 교정해 기재했다.

그런데도 일제는 '토지조사사업' 때 바로 이 토지를 강희 양안[8]에 역(驛) 또는 마위(馬位)라고 기재되어 있다고 하여 무토역토임을 가리지 않고 조선총독부 소유지로 강제 편입시켜서 일제 조선총독부의 소유지로 만들어 버렸다.[9]

여기서 주목할 것은 일제 토지조사사업이 한국 백성의 사유지를 잘못 판단하여 조선총독부 소유지로 편입시킨 것이 아니다. 그보다는 독립된 조선왕조 정부의 심사를 거쳐 그 잘못이 교정되어 민유지로 확정된(일단 정부가 조사하여 민유지임을 명백히 확정한) 토지를 일제가 그 사실을 잘 알면서도 조선총독부 소유지에 강제편입시켰다는 것이다.

우리는 이곳에서도 일제 토지조사사업이 '국유지'라는 이름의 일제 '조선총독부 소유지'를 무상으로 강제 창출하기 위해, 명백히 의도적으로 한국인 민유지를 조선총독부 소유지(국유지)로 강제편입시켜 토지약탈을 공공연히 자행한 것을 확인할 수 있다. 이러한 일제의 토지약탈은 모든 무토역토에서 자행되었음을 주목할 필요가 있다.

일제의 조사자료들을 살펴보면, 토지조사사업에서 '무토역토'를 '국유지'로 강제편입하여 한국인 토지를 약탈한 사실을 잘 알고 1차 사료를 거의 남겨 놓지 않았음을 알 수 있다. 그러나 때로는 간접적인 증거가 명백히 남아 있기도 하다.

예컨대 토지조사사업의 실무담당 책임자였던 와다 이치로는 이러한 방식의 토지약탈의 사실을 다 감추지 못했다. 그는 엉뚱한 곳에, 이 토지조사사업 때 사전(私田: 민인의 사유지)인 장전(長田)·부장전(副長田)·급주전(急走田) 등을 공전(公田: 국유지)으로 변환시켰다고 기호를 써서

조그맣게 표시해 놓았다. [10]

일제의 '토지조사사업'은 이와 같이 종래의 민유지인 무토역둔토를 조선총독부 소유예정지(국유지)에 강제편입시키는 토지약탈 방법으로 조선총독부의 소유지를 무상으로 확대했다.

그러나 일제 토지조사사업으로 종래 무토역둔토(민유지)를 소유하던 한국 농민은 자기 소유지를 일제에게 약탈당하고 그(원래 자기 소유의) 토지의 소작농이 되었다. 그리고 지세가 아니라 일반 소작지와 같은 총생산량의 50% 이상에 달하는 고율의 소작료를 일제 조선총독부에게 납부하게 되었다. 또한 일제에 의하여 그(원래의 자기 소유의) 소작지에서마저도 언제 쫓겨날지 모르는 불안정하고 비참한 처지로 전락했다.

3. 제1종 유토역둔토의 조선총독부 소유지(국유지)화

다음으로 일제는 제1종 유토역토, 제1종 유토둔토, 제1종 유토목장토, 능원묘위토 등 제1종 유토역둔토를 국유지에 강제편입시켰다.

여기서 유토역둔토(有土驛屯土)란 토지의 소유권을 특정 역·관아·군영이 가진 역둔토를 의미한다. 즉, '유토'란 관아의 입장에서 관아의 '소유권이 유(有)한 토지', 관아의 '실제소유가 유(有)한 토지'라는 의미를 함축하는 말이다.

그러나 갑오개혁 때에 이르러, 이 유토역둔토는 다시 '제1종 유토역둔토'와 '제2종 유토역둔토'로 구분되었다. 제1종 유토역둔토란 특정 역·관아·군영이 그 토지소유권을 가지고 농민들로부터 소작료[賭租]를 징수하던 토지였다.

제2종 유토역둔토란 무토역둔토와 마찬가지로 민유지에 역둔토를 설정했거나 또는 처음에는 유토역둔토였던 것이 그 후 각종 보상을 받고 민유지화됨으로써 소유권은 백성에게 있고 특정 역·관아·군영은 소작료가 아니라 지세를 농민들로부터 징수하던 토지였다.

갑오경장 때의 자료인《결호화법세칙》(結戶貨法稅則)에서는 각 아문둔전의 '제1종 유토' 둔전면세결(屯田免稅結)과 '제2종 유토' 둔전면세결을 다음과 같이 구분하였다.

一. 유토면세결(有土免稅結)에 2종이 유하야 그 구별이 좌와 여(如)하나, 단 차(此) 2종의 결수(結數)는 호조에서도 판명치 못함.

제1종 … 각 관(各官)의 재산으로써 매입한 토지에 그 조세를 면제하야 유래(流來)한 자를 운함이니, 단 각 관은 대개 소작인으로부터 매년 수확의 일반(一半)을 징수하는 예가 유함.

제2종 … 관으로부터 혹 민유지를 한하야 그 세금을 여(與)하는 자를 운함.

一. 무토면세결(無土免稅結)이라 함은 혹 민유지를 한하야 관으로부터 그 세금을 여(與)하는 자를 운함이니 유토면세 제2종과 차이는 좌와 여(如)함.

(一) 유토는 그 토지를 영구히 변치 아니하나 무토는 대개 3, 4년에 그 토지를 변환함.

(二) 무토는 필히 관에서 징수하야 각 관에 여(與)하나 유토는 불연(不然)하야 각 관으로부터 직접으로 징수하거나 우(又) 각 읍으로부터 각 관에 송납하게 하거나 이자(二者) 중 그 일에 거함.[11]

일제의 '제1종 유토역둔토'에 대한 이른바 '국유지 조사'에는 두 가지 처리 방향과 방안이 있을 수 있었다.

그 하나는 이러한 제1종 유토역둔토에서는 소작농의 도지권(賭地權)과 경작권(耕作權)이 크게 성장하여 소작료율도 총생산량의 25~33%로 절하되어 있었으므로 소작농의 이 권리들에 기초하여 제1종 유토역둔토를 소작농민의 소유지로 개혁적으로 처리하는 방법이었다.[12] 실제로 황해도 황주군의 일부 농민들은 일제의 이른바 국유지 조사를 당해 제1종 유토역둔토를 자기들에게 불하해 달라고 요청하기도 하였다.[13]

다른 하나는 일제가 조금이라도 조선총독부 소유지(국유지)를 더 많이 창출하기 위해 이러한 제1종 유토역둔토를 조선총독부 소유지에 편입시키는 처리방법이었다.

그런데 일제는 처음부터 '토지조사사업'에서 조선총독부 소유지(국유지) 창출을 가장 중요한 기본목적의 하나로 삼았다. 그리고 당시까지 관유지로 남아서 관아가 비교적 저율의 소작료를 징수하던 제1종 유토역둔토를 모두 조선총독부 소유지로 편입시켜 버렸다.

일제는 이처럼 제1종 유토역둔토를 국유지에 편입시킨 다음, 이 토지에서 소작농의 도지권과 경작권을 부정하

고, 소작료를 일반 소작지에서와 같이 총생산량의 50%
이상으로 인상시켰다. 그 결과, 조선왕조 시대에 이러한
제1종 유토역둔토에서 도지권과 경작권을 가졌던 한국인
소작농은 그 권리를 잃었을 뿐 아니라 소작료를 총생산물
의 25~33%에서 50% 이상으로 인상당하게 되었다.

이 사실은 일제 토지조사사업에 토지개혁적 성격이 전
혀 없었음을 단적으로 증명한다. 도리어 그 역이 진실임
을 증명하는 것이다.

따라서 우리는 일부 연구자들이 아직도 일제 토지조사
사업을 토지개혁의 일종으로 토지개혁의 '범주'에 넣어 고
찰하는 것이 얼마나 사실과 배치되며 황당무계한 일인지
여기서 잘 알 수 있다.

4. 제2종 유토역둔토의 조선총독부 소유지(국유지)화

일제는 다음으로 제2종 유토역토, 제2종 유토둔토, 제2종
유토목장토 등 제2종 유토역둔토를 약탈하여 조선총독부
소유지(국유지)에 강제편입시켰다.

'제2종 유토역둔토'는 본래 민유지에 대하여 특정 관아

의 징세권을 설정하거나, 또는 본래 '유토'였으나 그 변천과정에서 매수 등 각종 경로를 통해 갑오경장 무렵에는 이미 사전화되고 민유지화된 토지이다. 이것은 갑오경장 때의 자료인 《결호화법세칙》이 '제2종 유토'를 설명하여 "관(官)으로부터 혹 민유지를 한(限)하야 그 세금을 여(與)하는 자를 말함"[14]이라고 한 데서도 재확인할수 있다.

제2종 유토역둔토에서 조선왕조 정부의 특정 관아는 소작료가 아니라 지세만을 징수하고 있었다.[15] 따라서 갑오개혁 때 조선왕조 정부는 이 토지를 민유지로 처리하여 '제2종 유토면세결'이라는 이름을 붙였던 것이다.

그러므로 '국유지'에 대한 토지조사를 하는 경우, 제2종 유토역둔토는 토지조사 주체가 누구든 당연히 백성들의 사유지로 처리되어야 할 민유지였다. 갑오개혁 때 조선왕조 정부가 제2종 유토역둔토를 백성들의 사유지로 처리했었기 때문이다. 만일 그 후 토지조사가 독립된 조선정부에 의해 실시되었다면 제2종 유토역둔토는 틀림없이 민유지로 처리되었을 것이다.

그러나 일제 토지조사사업은 이미 민유지로 확립된 제2종 유토역둔토를 모두 조선총독부 소유지(국유지)로 강제편입시켰다. 이것은 일제가 식민지 통치권력과 무력에 의거해 한국 농민의 민유지를 공공연히 약탈한 것이다.

일제는 이 목적을 달성하기 위하여 대한제국 정부가 1899년(광무 3년)부터 1903년(광무 7년)까지 농경지 일부에 대해 양전사업을 실시해 만든 새로운 토지대장인 통칭 '신양안'(新量案)을 사용하지 않았다. 그 대신에 당시로부터 약 200년 전인 1719년 전후에 만들어진 '강희양안'이라고 부르던 통칭 '구양안'(舊量案)을 무리하게 찾아내어 최대로 악용하였다. 일제는 구양안에서 역둔토와 명칭만 조금 관련 있어도 이를 모두 일방적으로 조선총독부 소유지(국유지)로 강제편입시켰다.

요컨대 일제는 200년 이상에 걸친 사유지 발전의 대세와 그 결과를 식민지 통치권력과 무력에 기초하여 무리하게 부정하고, 한국 농민들의 토지를 빼앗아 조선총독부의 소유지로 약탈한 것이다.

5. 궁장토의 조선총독부 소유지(국유지)화

궁장토(宮庄土) 혹은 궁방전(宮房田)은 궁중경리기관인 내수사(內需司)와 왕실의 일부 및 왕실로부터 출합(出閤)한 궁방(대군・공주・왕자・옹주・후궁 등)의 경비를 충당하기 위하여 설정한 토지 및 수세지를 총칭한다.

조선왕조 말기까지 남아 있었던 궁방은 내수사와 수진궁(壽進宮), 명례궁(明禮宮), 어의궁(於義宮), 용동궁(龍洞宮), 육상궁(毓祥宮), 선희궁(宣禧宮), 경우궁(景祐宮), 경선궁(慶善宮), 영친왕궁(英親王宮) 등 9궁이었다.[16] 이 중에서 내수사만이 왕실의 경리를 관장하는 공식기관이었고, 육상궁・선희궁・경우궁은 국왕의 사친(私親)을 봉향(奉享)하는 '사묘'(四廟)였다. 그 밖의 궁방은 모두 대군・왕자・후궁 등의 사유재산을 관리하는 '사고'(私庫)였다.

임진왜란 이후에 본격적으로 설정된 궁장토는 18세기 말까지는 그 팽창이 일단 고착화되어 상당히 큰 규모에 이르렀다. 19세기 초인 1807년경에 공식적으로 파악된 궁장토의 면적은, 유토궁장토 1만 1,380결 47부, 무토궁장토 2만 6,547결 13부 1속, 합계 3만 2,927결 60부 1속에 달하였다. [17] 여기서 주목할 것은 이미 19세기 초에 궁장토는 무토궁장토가 유토궁장토보다 2, 3배나 광대했다는 사실이다.

그로부터 88년 후인 갑오개혁 때의 궁장토 면적을 살펴보면, '유토궁장토' 7,126결 56부 8속, '무토궁장토' 2만 1,474결 91부 7속, 합계 2만 8,601결 48부 5속으로 집계되었다. [18] 이 무렵에도 여전히 무토궁장토가 유토궁장토보다 약 3배나 광대했다.

갑오경장 때 조선왕조 정부는 궁장토에 대해 '유토', '무토'를 막론하고 종래의 '면세'를 폐지하고 일반 농지와 마찬가지로 국가가 지세를 징수했다. 그리하여 종래 지세는 국가 대신 궁방에 납부하던 무토궁장토는 자동적으로 소멸되고 유토궁장토만 남은 것으로 알려졌으며, 갑오경장 추진자들도 그렇게 추정했던 것으로 보인다. [19] 또한 일제의 조사자료에도 갑오경장에 의해 모든 '면세지'가 폐지됨으로써 무토궁장토가 자연히 폐지되었다고 기록돼 있다. [20]

그러나 갑오경장 이후에도 무토궁장토는 상당히 광대하게 남아 있었다. 광무연간의 양전사업 때 자료인《각궁방절수무토면결총수》(各宮房折受無土免結總數) 라는 규장각 도서에 따르면, 갑오경장 후 광무연간(1897~1907년)에

도 약 1만 3, 527결 58부의 무토궁장토가 존재했다. [21] 갑오
경장 때의 무토궁장토 면적과 비교하면 7, 899결 11부 7속
이 감소되었지만, 그럼에도 광무연간에도 1만 3, 500여 결
에 달하는 광대한 면적의 무토궁장토가 존속한 것이었다.

  일제의 이른바 '국유지 조사'는 이 사실을 잘 알면서도
갑오경장 개혁에 의해 무토궁장토는 자연적으로 모두 소
멸되었다고 하였다. 그리고 이를 전제로, 우선 첫째로 이
1만 3, 500여 결의 무토궁장토를, 그것이 백성들의 사유
지임이 분명한데도, 모두 약탈하여 조선총독부 소유지
(국유지) 로 강제편입시켜 버렸다.

  일제는 뿐만 아니라, 둘째로 무토궁장토와 다름없는
한국 농민들의 사유지였던 제2종 유토궁장토를 한국 농
민들로부터 빼앗아 조선총독부 소유지(국유지) 로 강제편
입시켜 버렸다.

  셋째로, 일사구궁(一司九宮) 의 제1종 유토궁장토는 황
실을 존중하는 경우 모두 황실 사유재산으로 처리했어야
마땅한 토지였으나 그렇게 하지 않았다. 만일 황실을 존
중하지 않는 경우라도 내수사의 궁장토만 문제가 되어야
했다. 나머지 9궁의 궁장토는 황실 사유재산 성격을 가졌
으므로, 경작농민에게 소유권을 주지 않는 한 당연히 황

일제의 조선총독부 소유지 = '국유지'
조사에 의한 토지약탈

실 사유재산으로 처리했어야 할 토지였다. 당시 일제 '토지조사사업' 실무자까지도 이러한 궁장토(제1종 유토궁장토)들이 황실 사유재산임을 인정했었다. [22]

그러나 일제의 이른바 '국유지 조사'는 내수사의 궁장토를 모두 일괄적으로 조선총독부 소유지(국유지)로 강제편입시켰다. 뿐만 아니라, 9궁의 궁장토 중에서 7궁(수진궁·명례궁·어의궁·용동궁·육상궁·선희궁·경우궁)의 궁장토를 모두 조선총독부 소유지(국유지)로 강제편입시켜 버렸다.

오직 경선궁과 영친왕궁의 궁장토만 당시 황제인 순종과 그 태자인 영친왕의 것이므로 예외적으로 처리했다. 이 궁장토에서는 약 31%를 떼어 조선총독부 소유지(국유지)로 편입시키고, 나머지 69%는 경선궁과 영친왕궁의 사유지로 처리했다. 그리고 일제강점 후인 1910년 9월, 31%의 국유지에 편입시켰던 토지를 다시 돌려주었다. [23]

경선궁·영친왕궁의 사례에서 볼 수 있는 바와 같이, 일제는 특정 궁방의 궁장토를 임의로 조선총독부 소유지와 황실 사유지로 나누어 처리하고, 조선총독부 소유지에 편입시켰던 궁장토를 다시 황실 사유지로 되돌려 주기도 했다. 다시 말해, 일제의 궁장토 조사정리는 어떤 법률적 기준이나 객관적 기준에 근거해 실시한 것이 아니라, 전적으로 일제의 식민지정책상의 목적에 따라 자의로 처리한 것이었다.

일제는 이른바 궁장토에 대한 '국유지 조사'에서 백성들의 사유지인 광대한 면적의 무토궁장토와 제2종 유토궁장토를 약탈해 조선총독부 소유지(국유지)로 강제편입시켰다. 또한 황실 사유지인 일사칠궁(一司七宮)의 제1종 유토궁장토를 약탈하여 조선총독부 소유지(국유지)로 강제편입시킨 것이었다.

6. 투탁지와 혼탈입지의 조선총독부 소유지(국유지)화

일제 '토지조사사업'은 또한 '투탁지'(投托地)와 '혼탈입지'(混奪入地)를 약탈하여 조선총독부 소유지(국유지)로 강제편입시켰다.

투탁지는 농민들이 정부로부터의 부담을 경감하기 위해 역토·둔토·궁장토·목장토 등에 자기 소유지를 형식상 위탁한 토지이다. 혼탈입지는 조선왕조 정부관리들의 착오에 의해 서류상으로 잘못 처리되어 관유지와 궁방전에 혼입(混入)되고 고의로 탈입(奪入)된 토지다.

이런 투탁지는 백성들이 자기 사유지를 궁방에 '투탁'했기 때문에 외관상 궁장토로 가장되어 있었다. 그 투탁 이유는 여러 가지로, ① 부역 회피 등 부담을 경감하기 위한 것,[24] ② 잔약한 백성들이 지방관리나 강호(强豪)의 침탈을 피하기 위한 것,[25] ③ 강호자가 불법으로 점유한 토지의 합법적 소유를 가탁(假托)하기 위한 것,[26] ④ 궁방에 관련된 백성이 안전을 위해 투탁한 것,[27] ⑤ 궁방에 관련된 궁가계(宮家系)가 연고로 투탁한 것,[28] ⑥ 자기 자손 중에 낭비자가 있는 백성이 토지방매를 막고 토지유산을 영구히 보전하기 위한 것[29] 등이었다. 그러나 투탁지의 발생 원인이 이처럼 다양하다 해도, 투탁지는 모두 백성들의 사유지였음이 명백하였다.

또한 혼탈입지는 관아와 궁방이 잘못하여 백성들의 사유지를 서류상으로 역둔토나 궁장토에 포함시켰기 때문에 지세를 국가 대신 그 토지를 혼탈입시킨 특정 관아나 궁방에 납부하던 토지다.

혼탈입지의 발생 원인은 ① 내수사 및 궁방의 궁장토 설치 과정에서 구앙과 관리의 침학이나 착오로 인하여 백성들의 사유지가 궁장토에 혼입된 것, ② 무주한광지·미간지를 백성들이 개간하여 백성들의 사유지가 신설되었음에도 불구하고 후에 궁방이 그 무주한광지·미간지를 입안 절수(立案折受)하여 국왕으로부터 하사받아서 민유지를 탈입시킨 것, ③ 궁방이 권세를 악용하여 잔약한 백성의 사유지를 공연히 침탈하여 탈입시킨 것 등 여러 가지였다.[30] 그러나 혼탈입지의 발생 원인이 이와 같이 다양할지라도, 혼탈입지는 모두 백성들의 사유지였음이 투탁지와 마찬가지로 명백하였다.

혼탈입지는 농민들의 의사에 반하여 역둔토나 궁장토에 혼입되거나 탈입된 것이다. 하지만 당시 농민들의 입장에서는 지세를 국가에 납부하든 특정 관아나 궁방에 납부하든 부담이 거의 비슷했기 때문에 혼탈입의 문제가 적극적으로 해결되지 않고 호도되기도 했다.

주목할 것은 조선왕조 정부나 특정 관아 또는 궁방이 투탁지와 혼탈입지를 '국유지'로 간주하지 않고 '민유지'로 간주했으며, 오직 국가 대신 특정 관아나 궁방이 지세를 징수해 소비할 수 있는 것으로 만족했다는 사실이다.

그러나 일제는 이러한 백성들의 사유지인 투탁지를 명백한 '문서'상 증명이 있는 경우에만 한정해 이를 민유지로 인정한다고 했다. 그 결과, 수많은 백성들의 투탁지를

일제의 조선총독부 소유지 = '국유지'
조사에 의한 토지약탈

약탈해 조선총독부 소유지(국유지)로 강제편입시켰다.

원래 토지의 투탁은 은밀히 시작된 것이고, 후에 공공연히 자행될 때도 여전히 '불법'이었기 때문에 '문서'를 갖추어 두기는 어려운 일이었다. 간혹 요행히 '증빙서류'를 갖춘 경우에도 일제가 이를 불충분하다고 판정하거나 인정해 주지 않으면, 투탁지는 조선총독부 소유지(국유지)로 강제편입되었다. 심지어 일제는 토지소유주가 제출한 투탁문권(投托文券)을 1차조사 한다고 거두어간 다음 돌려주지 않고 증빙서류 부족으로 처리해 백성들의 투탁지를 약탈하기도 했다. [31]

대부분의 투탁지는 증빙서류가 없거나 증빙서류가 불충분하다는 이유를 내세워 일제가 조선총독부 소유지로 약탈하였다. 농민이 일부의 토지를 투탁하고 다른 일부의 토지는 투탁하지 않았을 때는, 투탁지가 역둔토나 궁장토로 처리될 경우에 투탁하지 않은 사유지까지 역둔토나 궁장토로 처리되어 조선총독부 소유지(국유지)에 강제편입되었다. 즉, 투탁지를 '국유지'화함과 동시에 백성들의 다른 사유지까지 조선총독부 소유지로 약탈한 것이다. [32]

한국 농민들이 투탁지임을 분명히 증명하는 증빙서류를 충분히 제출하여 일제로서도 이를 도저히 '부인'하기 어려운 경우에는, 그 증빙서류를 무리하게 '불충분'하다고 하여 그 대신 그 토지소유지를 각종 '투탁도장'(投托導掌) 으로 인정하였다. [33] 이 경우에 일제는 약간의 도장배상금을 지급하고 투탁지를 조선총독부 소유지 (국유지) 로 약탈하여 강제편입시켰다. 여기서 '도장'은 '마름'에 해당하는 소작지 관리인이었다.

그러나 이 경우에도 그 증빙서류를 완전히 갖춘 투탁지의 소유주를 모두 투탁도장으로 인정해 준 것이 아니라 대부분을 후에 부인하여 이른바 '부인도장'(否認導掌) 으로 처리하였다. 일제의 자료에서 보면 투탁도장으로 인정받은 경우는 겨우 9.3%에 불과하였고, 부인도장으로 처리된 경우는 무려 90.7%로 달하였다. [34]

이러한 과정을 거쳐 일제는 '국유지 조사'를 통해 한국 농민의 민유지인 투탁지를 거의 모두 조선총독부 소유지 (국유지) 로 약탈했다.

일제는 혼탈입지에 대해서도 그것이 한국 농민들의 사유지임을 잘 알면서 이를 거의 다 약탈해 조선총독부 소유지 (국유지) 로 강제편입시켰다. 일제가 한국 농민들로부터 혼탈입지를 약탈한 몇 가지 기본적 방법은 다음과 같다.

일제는 첫째로 혼탈입지에 대해서는 "그 혼탈입지의 환

일제의 조선총독부 소유지 = '국유지'
조사에 의한 토지약탈

부는 제출일로부터 기산하여 그 혼탈입지의 사실이 20개년까지의 것에 한(限) 한 것"[35]이라고 규정했다. 이로써 일제의 '국유지 조사' 당시로부터 20년 이전에 혼탈입된 토지는 심사대상에서 처음부터 제외하여 방대한 면적의 혼탈입지를 조선총독부 소유지(국유지)로 약탈하였다.

둘째로 일제는 20년 이내의 혼탈입지에 대해서도 증빙서류가 되는 토지문기는 '사문기'(私文記)를 인정하지 않고 '관청문기'(官廳文記)만 심사한다고 규정하였다.[36] 당시 한국 농민들의 토지소유권 문서가 대부분 사문기였으므로 일제는 이 조치로 처음부터 혼탈입지의 소유자로 하여금 증빙서류를 갖추지 못하게 하여 수많은 혼탈입지를 조선총독부 소유지(국유지)로 약탈하였다.

셋째로, 일제는 위의 두 가지 조건을 모두 갖추어 완전한 관청문기의 증빙서류와 청원서를 제출한 경우에 일본인들로만 구성된 고등관회의에서 이를 심사해 판정하도록 하였다.[37] 그 심사결과를 보면, 완전한 증빙서류를 갖추어 사유지로 인정해 줄 것을 청원한 110건의 혼탈입지 중에서 42.8%(46건)만 사유지로 인정하고, 57.2%(64건)는 조선총독부 소유지(국유지)로 약탈했다. 이런 과정으로 일제의 '국유지 조사'는 한국 농민의 혼탈입지의 거의 대부분을 조선총독부 소유지(국유지)로 약탈해 버린 것이다.

이상에서 지금까지 지적한 바와 같은 방법으로 일제가 약탈한 조선총독부 소유농경지(국유농경지) 면적은 농경지에 대한 일제의 이른바 '국유지 조사'가 2단계까지 끝난 1910년 9월까지 12만 8,800여 정보에 달하였다. 이 중에서 '관유지'(국유지)로 간주될 수 있는 제1종 유토역둔토(제1종 유토궁장토 포함)가 약 3만 2,100정보였다. 그리고 일제가 한국 농민의 민유농경지를 식민지 통치권력과 무력으로 약탈하여 조선총독부 소유지(국유지)로 강제편입시킨 농경지 면적이 약 9만 6,700정보에 달하였다.[38]

일제가 '토지조사사업'에 의해 강제 창출한 조선총독부 소유농경지(국유농경지) 면적은 '역둔토분필조사'가 끝난 1919년 2월에는 더욱 증가하여 13만 7,224.6정보에 달하였다.[39] 또한 조선총독부 소유농경지(국유농경지)의 소작농은 30만 7,800여 호에 이르렀다.[40] 이것은 1911년 총농가호수의 13.9%, 1918년 총농가호수의 10.7%에 달하는 수치이며, 당시 순소작농가호수의 28.7%에 달하는 방대한 비율이었다.[41]

요컨대 일제 조선총독부는 농경지에 대한 '토지조사사업'으로 13만 7,224.6정보의 소작지와 30만 7,800여 호

일제의 조선총독부 소유지 = '국유지'
조사에 의한 토지약탈

의 소작농을 수취하는 국내 최대의 지주가 되었다. 동시에 식민지 통치권력을 이용하여 가장 조직적이고도 무력적으로 한국 소작농을 착취하는 '식민지반봉건부재지주'(植民地半封建不在地主)가 되었다.

주

1 愼鏞廈, "日帝의 '朝鮮土地調査事業'에 있어서의 '國有地' 創出과 '驛屯土' 調査", 〈經濟論集〉, 17권 4호, 1978(《朝鮮土地調査事業研究》, 한국연구원, 1979 수록) 참조.

2 일제가 역토와 둔토만을 역둔토라 칭하지 않고 궁장토, 제언답, 목장토, 사찰좌지까지 모두 포함해 역둔토라 호칭케 한 것은 궁장토 등을 역토·둔토와 함께 이른바 국유지화하여 점탈하려는 식민지정책상의 의도가 배후에 있었다고 볼 수 있다.

3 朝鮮總督府, 《小作農民ニ關スル調査》, 1912, 2쪽의 30~31.

4 《經國大典》戶典, 諸田條, 《朝鮮王朝法典集》, 1권, 경인문화사판, 182~183쪽; 《大典會通》戶典, 諸田條, 전게판 4권, 219쪽; 和田一郎, 《朝鮮土地制度地稅制度調査報告書》, 288~289쪽 참조.

5 《經國大典》戶典, 諸田條, 전게판, 1권, 182쪽; 《大典會通》戶典, 諸田條, 전게판, 4권, 219쪽 참조. 역토에 있어 처음부터 유토역토는 소수이고 무토역토가 대부분이었음을 주목할 필요가 있다.

6 〈驛屯土關係文牒法案〉(일명 〈驛訓旨〉), 奎章閣圖書 No. 17898, 9책, 건양원년 10월 10일조, '昭會度支部大臣署理 金在豊' 22호.

7 〈驛屯土關係文牒法案〉, 9책, '熙會度支部大臣署理 李鼎煥 제87호' 이하 참조.

8 강희양안(康熙量案)은 강희연간(1663~1722년)에 만들어진 토지 대장으로서, 실제로는 1719년(숙종 45년)에 충청·전라·경상도 의 하삼도를 개량함과 동시에 타도의 양안을 재정리한 것을 이른 다. 일제의 이른바 '국유지 조사' 당시에는 강희양안을 '구양안'이 라고 통칭하고, 광무연간의 양전사업에 의해 만들어진 양안을 '신양안'이라고 통칭하면서 모두 보존하여 사용하였다.

9 朝鮮總督府臨時土地調查局, 《朝鮮土地調查事業報告書》, 1918, 142~143쪽 참조.

10 和田一郎, 《朝鮮土地制度地稅制度調查報告書》, 1920, 118쪽 의 △표의 항을 참조할 것.

11 《結戶貨法稅則》, 22~23쪽 참조. 이를 참조하면 '제1종 유토면 세결'과 '제2종 유토면세결'의 구분은 다음과 같이 설명할 수 있 다. 즉, 제1종 유토면세결은 관아가 급가매토(給價買土)하여 설 치해서 그 지세를 관아가 국가에게 납부하게 되므로 면세하고 소 작인으로부터 소작료를 징수하는 토지요, 제2종 유토면세결은 민유지를 한정하여 설정해서 관아에 지세를 징수하여 사용하도 록 허여한 토지다.

　무토면세결도 제2종 유토면세결과 마찬가지로 관아에 민유지 의 지세징수권을 주는 것이지만, 두 가지 점에서 차이가 있었다 고 한다. 첫째, 제2종 유토면세결은 그 토지를 비윤회(非輪廻)하 여 영구히 변치 아니하나, 무토면세결은 윤회하여 대개 3~4년 에 그 토지를 변환하였다. 둘째, 무토면세결은 반드시 관에서 지 세를 징수하여 그것을 각 관아에 경비로 급여하지만, 제2종 유 토면세결은 그렇지 않고 특정의 각 관아가 직접 지세를 징수하여

일제의 조선총독부 소유지 = '국유지'
조사에 의한 토지약탈

경비로 사용하거나 또는 그 제2종 유로면세결이 위치한 각 읍으로부터 지세를 징수하여 그 특정의 각 관아에 송납하게 하는 것이었다.

12 일제의 '토지조사사업'에 조금이라도 농지개혁적 성격이 포함되어 있었다면, 이러한 '제1종 유토역둔토'는 소작농민에게 유상분배되거나 불하되어야 할 성격의 것이었으며, 이것이 '제1종 유토역둔토'에 대한 개혁적 처리방법이었다고 할 수 있다.

13 "黃海道黃州郡 金斗泳, 李德煥, 金用汝, 張善汝, 孫召史條", 《各道請願綴》, 규장각도서, No. 21300 참조.

14 《結戶貨法稅則》, 22쪽 참조.

15 "京畿道豊德郡邑內居 金瑩相 請願書條", 《庄土關係請願及 證據書類》, 규장각도서, No. 20835 참조.

16 度支部, 《臨時財産整理局事務要綱》, 1911, 15〜20쪽 및 39쪽 참조.

17 《萬機要覽》, 財用篇 2, 面稅條 참조.

18 《結戶貨法稅則》, 17〜20쪽 참조.

19 《結戶貨法稅則》, 23쪽 참조.

20 和田一郎, 《朝鮮土地制度地稅制度調査報告書》, 148쪽 참조.

21 《各宮房折受無土免稅結總數》, 규장각도서, No. 16612 참조.

22 和田一郎, 《朝鮮土地制度地稅制度調査報告書》, 579〜580쪽 참조.

23 《臨時財産整理局事務要綱》, 39〜40쪽 참조.

24 《各道請願綴》, 규장각도서, No. 21300; 《導掌決定原案》, 규장각도서, No. 21026, 2책, '鄭學潤條' 참조.

25 《京畿訴狀綴》, 규장각도서, No. 21787, '閔泳瓚條', '韓致圭條'; 《導掌決定原案》, 규장각도서, No. 21667, '卞鍾獻條' 참조.

26 《書類閱覽及抄寫申請書》, 규장각도서, No. 20713, '閔泳翊條' 참조.

27 《各道請願綴》, '金仁極·金貞鉉條'; 《導掌決定原案》, 규장각도서, No. 21295, '閔裕植條' 참조.

28 《導掌決定原案》, 규장각도서, No. 20723, '閔泳翊條' 참조.

29 《各道請願綴》, '崔榮旭條'; 《導掌決定原案》, 규장각도서, No. 21669, '金重寅條' 참조.

30 《往復書類綴》, 규장각도서, No. 20610, '全羅北道茂朱郡居 農民陳炳義請願書'; 《參考書綴》, '投托導掌及混奪入地還付立二 其換算表·別表'; 《導掌決定原案》, 규장각도서, No. 21667, '安定根條'; 《各道請願綴》, '金志侃條' 참조.

31 《京畿訴狀綴》, 규장각도서, No. 21787, '南陽郡長安面 金永圭條' 참조.

32 《各道請願綴》, 규장각도서, No. 21301; 《導掌決定原案》, 규장각도서, No. 21019, 1책, '金時鉉條'; 규장각도서, No. 21667, '卞鍾獻條'; 규장각도서, No. 21295, '閔裕植條'; 규장각도서, No. 21031, '劉秉璉條' 참조.

33 《書類閱覽及抄寫申請書》, '閔泳翊條'; 《導掌決定原案》, 규장각도서, No. 21031, '郭柱鉉條'; 규장각도서, No. 21667, '朴基弘條'; 규장각도서, No. 21668, '金圭錫條'; 《各道請願綴》, 규장각도서, No. 21301, '閔泳翊條', '朴基弘條', '申泰僖條', '李元植條' 참조.

34 《臨時財産整理局事務要綱》, 118~127쪽 참조.

35 《例規類綴》, 규장각도서, No. 20987, 1910년 2월 4일조(條) '投托導掌地及混奪入地還付ニ關スル決定何件'.

36 《臨時財産整理局事務要綱》, 129쪽 참조.

37 《例規類綴》, 1910년 2월 4일조, '投托導掌地及混奪入地還付ニ
   關スル決定何件'.

38 慎鏞廈, "日帝의 '朝鮮土地調查事業'에 있어서의 '國有地' 創出
   과 '驛屯土' 調查" 중 8절 '驛屯土實地調查' 참조.

39 朝鮮總督府臨時土地調查局, 《朝鮮土地調查事業報告書追錄》,
   43~45쪽 참조.

40 朝鮮總督府, 《小作農民ニ關スル調查》, 2쪽의 31 참조.

41 朝鮮總督府, 《農業統計表》, 1932년판, 7쪽에 따르면 '조선토지
   조사사업'이 종료된 1918년의 총농가호수 625만 2,484호와 순소
   작농가호수 100만 3,775호에 대한 비율이다.

5장

미간지와 임야 등의
조선총독부 소유지로의 약탈

1. 미간지의 조선총독부 소유지로의 약탈

일제는 지금까지 고찰한 농경지(개간지) 이외에도 방대한 면적의 미간지와 산림 등을 약탈하여 조선총독부의 소유지로 만들었다.

여기서 미간지란 원칙적으로 경사 15도 이하의 토지로 요존림(要存林)이 아닌 미경지(未耕地)를 말하는 것이었다. 미간지에는 조선왕조 말기 당시에 ① 민유, ② 관유(국유), ③ 황실유, ④ 무주한광지(無主閑曠地: 인민의 개인별 사유임야가 아닌 공유임야) 등 소유별 구분이 있었다.

민유미간지는 특정한 이유로 백성들의 사유권이 확립되어 있는 미간지였다. 관유미간지는 국방 등 특정한 목적과 이유로 관아가 소유권을 가진 미간지였다. 황실유미간지는 입안절수에 의해 황실이 소유권을 가진 미간지였다.

한편 무주한광지는 개인별 사유가 확립되지 않은 백성들 공유의 미간지였다. 백성들은 무주한광지에 자유로이 들어가 목초채취, 토석채취, 방목 등을 할 수 있는 입회권을 갖고 있었다. 또한 자기 노동력으로 무주한광지를 개간하고 그 개간지를 자기 소유지로 할 수 있는 개간권을 갖고 있었다.

미간지는 주로 임야(原野) · 황무지 · 초생지(草生地) · 소택지(沼澤地) · 간사지(干瀉地) 등으로 구성되었는데, 그 대부분이 임야와 초생지의 형태였다. 임야 중에서도 미간지는 요존림을 제외한 불요존림 가운데 경사 15도 이하의 불요존림만 포함하는 것이었다. 관유임야는 거의 요존림이었고, 황실유는 처음부터 면적이 적었으므로 이를 빼면, 불요존림의 미간지는 대부분이 무주한광지와 민유미간지였음을 용이하게 알 수 있다.

미간지의 면적은 1910년 4월 기준으로 약 120만 397정보에 달했다.[1] 이것은 당시 추산된 농경지 면적인 180만 6,327정보의 66.5%에 해당하는 광대한 면적이었다. 이 미간지 면적을 무주한광지와 민유미간지로 나누어 추산

해 보면, 무주한광지가 약 59만 5,400여 정보였고 민유
미간지가 약 60만 5,000여 정보였다. [2]

여기서 먼저 주목할 것은 조선왕조 말기까지 한국 농민
들은 무주한광지에서 '개간권'을 가졌다는 사실이다. 조선
왕조의 관습과 법률은 농민이 무주한광지를 개간할 경우
그 개간지의 소유자가 되도록 하는 개간권을 설정하고 입

〈표 5-1〉 토지조사 직전의 미간지
면적과 도별 분포(1910년)

(단위: 정보, %)

도별	기간지 면적	미간지 면적	미간지 도별 분포
경기도	144,980	132,378	10.95
충청남도	171,577	63,635	5.26
충청북도	90,173	15,322	1.28
전라남도	240,266	146,722	12.13
전라북도	191,632	73,867	6.11
경상남도	194,143	116,473	9.63
경상북도	249,302	83,698	6.92
강원도	36,422	52,489	4.34
함경남도	77,770	85,804	7.09
함경북도	43,896	123,642	10.22
황해도	162,827	118,352	9.79
평안남도	127,005	86,500	7.15
평안북도	76,334	110,505	9.13
계	1,806,327	1,200,397	100.00

주: 이 표에서 도별 통계의 합은 1,209,387정보로 전국합계 1,200,397정보와
　　차이가 있으나 인쇄오식으로 판단해 그대로 두었다.
자료: 〈황성신문〉, 1910. 4. 30.

법화하여 확고히 보장했다. 가장 가까운 시기의 법률규정을 보면, 《속대전》(續大典, 1744년)에서는 "무릇 한광처는 기경한 자를 주인으로 한다"(凡閒曠處 以起耕者爲主)[3]라고 규정했다. 그리고 농민의 개간권을 더욱 확고하게 보장하고 위의 규정의 세주(細注)에서 농민의 개간권을 지주나 강호들이 악용하는 경우를 배제하기 위한 규정도 마련해 두었다.

그 혹시 미리 '입안'(立案)을 내어둔 채로 자기 스스로 기경(起耕)하지 않고 있다가 (다른 농민이 기경한 토지를) 입안을 빙자하여 점탈하거나 입안을 사사로이 서로 매매하는 자는 침점전택진(侵占田澤津)에 의거하여 처벌한다.[4]

《대전통편》(大典通編, 1785년)도 《속대전》의 농민의 개간권에 관한 규정을 거듭 재확인해 수록하였다.[5] 조선왕조 최후의 법전인 《대전회통》(大典會通, 1865년)에서도 농민의 개간권을 그대로 재확인하여 다음과 같이 재수록하였다.

무릇 한광처는 기경자(起耕者)를 주인으로 한다. (세주) 그 혹시 미리 '입안'을 내어둔 채로 자기 스스로 기경(起耕)하지

미간지와 임야 등의
조선총독부 소유지로의 약탈

않고 있다가 (입안을) 빙자하여 (타인이 기경한 토지를) 점탈하거나 입안을 사사로이 매매하는 자는 침점전택률(侵占田宅律)에 의하여 처벌한다.[6]

이것은 조선왕조 후기에 농민의 '개간권'을 법률에 의하여 확고하게 보장하는 내용이었다. 조선왕조 후기와 말기에는 개간권이 농민의 토지에 대한 매우 중요한 권리 중 하나여서 농민들은 이 개간권에 의해 무주한광지와 미간지를 자유롭게 개간해 '농민적 토지소유'로서의 자기 사유지를 자유롭게 성립시킬 수 있었다.

즉, 조선왕조 말기까지 광대하게 존재했던 무주한광지와 미간지는 농민들이 약간의 노동력과 자본을 투입하면 자기의 사유농경지로 만들 수 있는 '잠재적 사유지'의 성격을 가진 백성들의 공유지였다고 볼 수 있다.

그러므로 조선왕조 후기와 말기에는 한편으로 사적 지주제도의 전개에 따라 토지의 집중과 자작농의 소작농으로의 몰락이 진행되면서도, 다른 한편으로 농민들의 무주한광지와 미간지 개간에 의해 '농민적 토지소유'가 성립되어 자작농지가 공급됨으로써 부분적으로나마 이를 보전해가고 있었다.

한편, 일제는 한국의 미간지가 약간의 노동력과 자본을 투입하면 용이하게 농경지로 전환할 수 있는 수익성 높은 토지임을 알고 있었다. 그리하여 이에 착안해 러일전쟁 직후 일본군이 한국에 상륙했을 때부터 일본군 무력을 배경으로 미간지 점유를 추진했다가 한국인들의 격렬한 반대운동에 부딪쳐 실패한 적이 있었다.[7]

그 후 일제는 통감부 설치 이후인 1906년 7월에 우선 궁방소속의 미간지 개간을 백성들에게 일체 인허하지 않도록 조치하였다.[8] 이것은 일제가 그들의 미간지 점탈을 전제로, 우선 궁방소속의 미간지가 일제의 완전 강점 이전에 한국 농민의 개간에 의해 그들의 사유지가 되는 것을 중단시키기 위한 긴급조치였다. 그러나 이 조치는 아직 광대한 무주한광지의 개간은 제한하지 못했다.

일제는 뒤이어 1907년 7월에 대한제국 정부의 이름을 빌려 '국유미간지이용법'(國有未墾地利用法)과 '국유미간지이용법시행세칙'(國有未墾地利用法施行細則)을 발포했다. 이로써 민유 이외의 임야(원야), 황무지, 소택지, 간사지를 모두 '국유미간지'로 하고, 국유미간지의 개간은 반드시 사전에 정부 허가를 얻지 않으면 허용하지 않도록 규정하였다.[9]

이 '국유미간지이용법'의 특징은 다음과 같다. 첫째, 종래의 무주한광지 · 관유미간지 · 황실유미간지를 모두 국유미간지에 포함시켰다(제1조). 둘째, 국유미간지(대부분이 무주한광지)를 개간 · 대여 등에 이용하고자 하는 자는 반드시 농상공부대신에게 청원하여 사전에 허가를 얻어야 하도록 규정했다(제4조). 셋째, 국유미간지의 대여를 받은 자는 농상공부대신이 지정한 대여료를 사전에 납부하도록 했다(제5조). 넷째, 농상공부대신은 미간지를 대여한 후에도 특정한 경우에는 대여를 취소할 수 있도록 했다(제8조). 다섯째, '국유미간지이용법'을 위반한 자는 무거운 벌과금 등의 처벌을 받도록 규정한 것이었다.

일제의 '국유미간지이용법'의 공포에 의하여 실로 방대한 면적의 '무주한광지'가 조선총독부 소유지를 전제로 한 '국유미간지'로 변환되었다. 종래 한국 농민들은 이를 자유롭게 개간하여 그 개간지에서 자신의 사유권을 확립시켜 법률적 보장을 받을 수 있었다. 그러나 이제 개간을 할 때 농상공부대신의 사전허가를 받고 대여료를 선납하게 되었다. 실질적으로 법률에 의하여 한국 농민의 무주한광지 개간이 금지된 것이다.

뿐만 아니라 이 '국유미간지이용법'은 한국 농민이 개

간을 허가받고 대여료를 선납하여 개간 경작을 하는 경우에도 그 새 개간지에 자신의 사유권이 확립되어 그것이 자기 소유지가 되는 것이 아니라, 소유권은 조선총독부가 갖고 개간자는 자기가 개간한 토지의 소작인이 되도록 만든 것이었다. 즉, 일제가 만든 '국유미간지이용법'은 종래의 농민의 '개간권'을 완전히 박탈한 것이었다.

또한 이 '국유미간지이용법'은 종래의 한국 농민 집단의 '잠재적 사유지' 성격을 지닌 무주한광지와 관유미간지, 황실유미간지를 모두 조선총독부 소유지(국유지)로 약탈하기 위한 악법이었다.

2. 임야의 조선총독부 소유지로의 약탈

그러나 이 '국유미간지이용법'에 의해서도 일제가 그들의 식민지정책 목적상 해결하지 못한 중대한 문제가 있었다. 그것은 민유미간지와 국유미간지 구분의 문제였다. 미간지는 실제로는 임야에 포함되어 중첩되어 있었으므로, 이 문제는 '삼림' 및 '임야'에 있어서의 민유림과 국유림을 구분하지 않으면 근본적으로 해결할 수 없는 문제였다.

일제는 이 문제를 1908년 1월 21일 '삼림법'(森林法)을 제정·공포함으로써 그들의 식민지약탈정책 노선에 따라 해결하려고 추구하였다.[10] 일제가 대한제국 정부의 이름을 빌려 공포한 '삼림법'의 특징은 다음과 같다.

첫째, 삼림산야의 소유자는 '삼림법' 시행일로부터 3년 이내에 '관문기'(官文記) 등의 증빙서류와 지적도를 첨부하여 농상공부대신에게 신고하도록 하고, 기간 내에 신고하지 않은 삼림·산야는 모두 국유로 간주하도록 했다(제19조). 둘째, 농민들의 무주한광지의 개간을 농상공부대신의 사전허가를 받은 경우가 아니면 금지했고(제21조), 셋째, 무주공산(無主空山)에 입산하여 삼림의 주부산물의 채취와 채석을 금지했다(제15조).

넷째, 농상공부대신은 민유림일지라도 필요하다고 인정하는 경우에는 '보안림'(保安林)에 편입시켜서 실질적인 국유림처럼 관장할 수 있게 했다(제6·7·10조). 다섯째, 또한 농상공부대신은 조림자와 수익을 나누는 조건으로 '부분림'(部分林)을 설정할 수 있도록 하여 일제자본의 임야점유의 길을 열어 주었다(제3조).

1908년 3월, 일제는 더 적극적으로 일제자본의 삼림침략을 지원하기 위해 전문 31조로 된 '국유삼림산야부분림

규칙'(國有森林山野部分林規則)을 농상공부령 제63호로
제정·공포하였다.[11]

일제의 '삼림법'은 한국인 임야소유자들과 농민들에게
실로 매우 큰 고통과 손실을 주었다. 우선, 일제는 민유
림의 증빙서류를 첨부하도록 하여 관문기만 증빙서류로
인정하고 사문기는 인정하지 않았다. 당시 대부분의 임
야와 미간지의 사유권이 관습법으로 성립되어 있었으므
로, 문기가 없거나 사문기로 증빙되었던 많은 민유미간
지와 사유림이 '관문기'가 없어서 '민유'(民有)의 것으로
신고되지 못했으며, 따라서 그 대부분을 일제에게 약탈
당하게 되었다.

둘째, 일제가 신고자에게 큰 비용이 드는 약도 제작을
요청했기 때문에 신고에 응하지 않는 경우도 있었다. 당
시는 아직 명목상 대한제국이 존속하던 때이므로 일제의
임야·미간지 약탈정책의 심각성을 충분히 알지 못하고
'삼림법'을 무시하거나 신고를 기피한 경우도 있었다. 이
러한 토지들은 모두 일제에 의하여 '국유지'로 강제편입되
어 약탈당하였다.

셋째, 일제의 이 '삼림법'으로 말미암아 한국 농민들은
종래 무주한광지·미간지에서 자유롭게 개간하고 그 개

간지를 소유지로 만들 수 있었던 '개간권'과 '사유지 조성권'을 완전히 상실당하고 개간을 할 수 없게 되었다. 농상공부대신의 허가를 얻어 개간을 하는 경우에도 개간지의 소유지가 되지 못하고, '국유지'의 소작인이 되는 처지에 놓이게 되었다.

넷째, 한국 농민들은 일제에 의하여 입회권을 부정당하게 되었다. 다시 말해, 이제 무주공산에 들어가 자유롭게 땔감과 퇴비풀을 채취할 수 없게 되었으며 자유롭게 가축을 방목할 수도 없는 고통과 손실에 직면하게 되었다.

다섯째, 한국인들은 심지어 관문기의 증빙서류를 갖추어 신고해서 민유림임을 일제로부터 인정받아도, 일제가 필요하다고 판단하는 경우에는 그것이 '보안림'에 편입되어 일제의 지배를 받게 되는 불안정하고 취약한 처지에 놓이게 되었다.

일제의 '삼림법' 중에서도 한국 농민이 자기의 사유림을 사유림 그대로 신고하여 인정받지 못하도록 저지한 가장 큰 장애 조항은 주어진 3년 이내에 사문기가 아닌 관문기의 증빙서류를 첨부하여 지적 및 면적의 약도를 작성해서 신고하라는 규정이었다.

15세기부터 농경지에서 사유제도가 확립됨과 병행하

여 그에 뒤따르면서 미간지와 임야에서도 특정 사유에 의거하여 사유권이 성립되어 발전되었다. 그러나 미간지와 임야에는 '조세'가 없었으므로 농경지와 달리 '관아'에서 '양안' 등 대장을 만들지 않고 '사문기'로만 매매되거나 '문기' 없이 사유권이 상속되었다. '관문기'가 있는 임야와 미간지의 경우는 산송에 걸려 재판을 거친 임야이거나 또는 사패지(賜牌地)와 같이 오히려 예외적인 경우였다.

이러한 조건하에서 일제는 처음부터 고의적으로 '관문기'만 증빙서류로 인정했다고 볼 수 있다. 즉, 민유림과 민유미간지를 조선총독부 소유림(국유림)으로 약탈하고 조선총독부 소유 국유미간지화하려는 정책적 의도에서 그와 같이 규정한 것이었다.

일제는 '삼림법'을 공포한 직후인 1910년 3월부터 8월까지에 걸쳐 그들 나름대로 사전에 '임적조사'(林籍調査)를 실시하였다. 그에 따르면 ① 무주한광지 726만 8,001정보, ② 사찰림(寺刹林) 16만 5,402정보, ③ 사유림 738만 843정보, ④ '국유림' 103만 5,373정보로 추산되었다.[12] 일제의 추계를 보아도 1910년 8월 사유림의 면적은 738만 843정보에 달하는 방대한 것이었다.

그런데 일제의 '삼림법'의 앞서 든 바와 같은 제한조치 규정으로 말미암아, '삼림법'의 소정기한인 1908년 1월 21일 부터 1911년 1월 20일까지 '신고'되어 접수된 사유림은 약 220만 정보에 불과했다. [13] 이것은 일제가 추계한 사유림 738만 843정보에 대해 29.8%에 불과한 것이었다.

일제의 추계에 의거해서도 '삼림법'에 의하여 일제는 약 518만 843정보의 한국 농민의 사유림을 약탈해 이른바 조선총독부 소유림(국유림)에 강제편입시켜 버린 것이다.

이 중에서 일제의 미간지에 대한 약탈 부분을 분리하여 보면, 일제는 이 '삼림법'의 집행으로 무주한광지 약 59만 5,000정보를 모두 이른바 '국유지화'하여 조선총독부 소유 지로 약탈했다. 그뿐 아니라, 민유미간지 60만 5,000정보 중에서도 약 42만 5,000정보를 약탈해 '조선총독부 소유지 화'했다. 이때 '삼림법'에 의해 민유미간지로 신고되어 접 수된 것은 약 18만 정보에 불과했고, 일제가 조선총독부 소 유미간지로 약탈한 것이 모두 약 102만 정보에 달했다. [14]

일제는 1911년 1월 20일로 민유림의 신고 마감이 되자 이를 심사하여 이른바 '국유림'과 '국유미간지'의 강제 창 출을 일단 완료했다. 그다음, 1911년 6월에 '삼림법'을 폐 지하고 그 대신 이와 동시에 '삼림령'을 제정·공포하였 다. [15] '삼림령'은 '삼림법'에 의하여 대폭 축소 승인된 민유림 이외에 더 이상 추가신고를 금지하면서 임야와 미간지에 대한 식민지약탈정책을 더욱 강화한 것이었다. '삼림령'의 특징은 다음과 같다.

첫째, '삼림법'에 의하여 사유림으로 승인된 220만 정보만을 확정된 것으로 하여 그 이상의 사유림의 조사를 중지하도록 해서 아직 신고하지 못한 사유림과 민유림과 민유미간지의 '신고'의 길을 막았다. 둘째, 종래의 '부분림' 제도를 폐지하고 국유림에 대한 '조림대부'(造林貸付) 제도를 설치해 일제자본에 대한 특혜제도를 창설했다. 셋째, 조림에 성공한 일본인 이민이나 이민단체에 대해서는 국유림을 양여할 수 있도록 하는 '양여제도'를 창설했다.

넷째, 국유림의 조림대부를 받은 경우 그 국유림의 천연치수(天然稚樹)가 성림(成林)한 때는 그것을 차수인(借受人)의 소유로 하도록 하여 일본인 이민과 이민단체에게 기존의 천연치수의 소유권을 이양하는 길을 열었다. 다섯째, 조선총독부가 실업가(주로 일제자본)와 수의 계약하여 10년 분할상환으로 삼림과 그 산물(주로 목재)을 매각할 수 있도록 하여 일제자본의 삼림벌목을 적극 장려했다.

여섯째, 보안림 편입조항을 강화하여 조선총독부가 필요없다고 인정할 때에는 사유림에 대해서 소유주의 의사

미간지와 임야 등의
조선총독부 소유지로의 약탈

에 관계없이 사유림을 보안림에 편입시킬 수 있도록 하고, 소유지의 벌목, 개간, 낙엽·절지(切芝)·토석(土石)·수근(樹根)·초근(草根) 등의 채취를 할 수 없도록 했다. 일곱째, 일제 조선총독부의 사유림에 대한 명령권을 강화하여 조선총독부가 필요하다고 보는 경우 민간 소유자에게 개간 금지, 사용 용익(用益), 조림 등을 명령할 수 있도록 했다.

여덟째, 종래의 사유림인데 '삼림법'이 요구하는 증빙서류가 부족하여 국유림으로 편입된 임야에 대해서는 그 원래의 소유주를 '지원주민'(地元住民)으로 하여 '입회관행'(入會慣行)을 허가해서 부산물 채취와 방목을 허가함으로써 원 소유지의 저항을 완화하고 이의 소유권분쟁을 해결하려 했다. 아홉째, 그 밖의 '국유림'에서의 한국 농민의 부산물 채취와 방목 등 '입회'에 대해서는 엄중한 벌칙을 크게 강화한 것이었다.

일제의 '삼림령'은 일제의 추계로도 '삼림법'에 의해 약 518만 843정보의 한국인 사유림을 약탈하여 '국유림'에 강제편입시킨 것을 재확정하고 강화한 약탈적인 것이었다. 그렇기 때문에, 일제의 가혹한 무력탄압 아래서도 '토지조사사업' 도중에 임야와 미간지의 소유권분쟁이 폭발

하였다. 원칙적으로 일제의 '삼림령' 이후 '토지조사사업'에서는 임야조사는 제외하도록 되어 있었으나, '토지조사사업' 실시 도중에 조사대상 토지 사이에 개재하는 5만 평이하의 미간지와 임야는 기술적으로 불가피하니 이를 농경지와 함께 조사·측량하도록 한 것이 분쟁 표출의 통로가 되었다.

이때 일제가 임야와 미간지의 소유권분쟁을 미연에 방지하기 위해 제정한 법규가 1912년 2월 3일에 일제 조선총독부 훈령 제4호로 공포된 다음의 '삼림산야급미간지 국유사유구분표준'(森林山野及未墾地 國有私有區分標準)이다.

삼림산야 및 미간지 국유사유(國有私有)의 구분은 좌기 표준에 의하여 취급하여야 한다.

삼림산야급미간지 국유사유구분표준
좌기 각호의 一에 해당하는 삼림산야 또는 미간지는 이를 사유로 한다. 단, 구삼림법 제19조의 규정에 의한 계출을 하지 않은 삼림산야는 차한(此限)에 재(在)치 않는다.

一. 결수연명부(結數連名簿)에 등재된 토지 및 이에 등재되지 않았을지라도 현재 지세를 부과하거나 또는 일찍이 지세를 부과한 토지

화전〔결수연명부에 화전의 명칭을 부(附)했을지라도 사실
숙전(事實熟田)이라고 인정되는 것은 제외함〕및 일찍이
지세를 부과했을지라도 영구히 그 제용(制用)을 폐한 토
지는 이를 사유로 인정치 않음

二. 토지가옥증명규칙 시행 이전에 관청에서 사유임을 인정
한 토지

三. 토지가옥증명규칙 또는 토지가옥소유권증명규칙의 증명
에 의하여 사유임을 인정한 토지

四. 확정판결 또는 토지조사법의 처분에 의하여 사유임을 인
정한 토지

五. 확증 있는 사패지

六. 관청의 환부(還付), 부여(付與) 또는 양도한 확증 있는
토지

七. 융희 2년 칙령 제93호 시행 이전에 궁내부에서 사인(私
人)에게 환부, 부여 또는 양도한 확증 있는 토지

八. 영년(永年) 수목을 금양(禁養)한 토지

九. 앞의 각호 외에 조선총독이 특히 사유로 인정한 토지

전항에 해당치 않는 삼림산야급 미간지는 이를 국유로 함.
구삼림법 시행 전에 공산(公山)이라 칭한 국유삼림산야에 분
묘를 설치한 자가 분묘가 존재하는 한(限)해 그 분묘구역을
종래대로 사용할 수 있음.[16]

여기서 주목하지 않으면 안 될 것은 일제의 '토지조사사업' 도중에 적용한 '삼림산야급미간지 국유사유구분표준'은 앞서 1908~1911년의 '삼림법' 제19조에 의하여 사유로서 신고된 220만 정보(이 중에서 미간지는 약 18만 정보)의 임야와 미간지에 한해서 다시 '국유·사유'를 재심하는 의미를 가졌다는 사실이다. 그때 신고에 누락되거나 '문기'가 없거나 '관문기'의 증빙서류를 갖추지 못하여 사유림으로 인정받지 못하고 이른바 '국유림'으로 강제편입되어 약탈당한 임야의 신고를 받아 재심한 것이 아니었다.

뿐만 아니라 '삼림법' 제19조에 의해서 사유로서 신고를 끝낸 220만 정보의 삼림·산야·미간지의 '국유·사유 구분' 재심에서 적용된 기준은 ① 화전(火田)과 진전(陳田: 묵힌 농경지)을 다시 사유에서 제외했고 ② 관청의 증명문서 기준을 더욱 강화한 불합리한 것이었다. 이 '구분표준'을 통하여 사유림으로 인정된 것은 220만 정보보다 감소하면 했지 증가한 것은 전혀 아니었다.

결국 일제는 한국의 방대한 면적의 임야와 미간지 중에서 오직 약 220만 정보(이 중 미간지 18만 정보)만을 사유림과 민유미간지로 인정했다. 그리고 그 수배에 달하는 광대한 면적의 임야와 미간지를 이른바 조선총독부 소유지(국유지)로 약탈한 것이었다.

일제의 이러한 임야와 미간지 약탈은 사유림의 실상과 너무 다른 것이어서 일제는 임야 약탈을 위하여 1917~1924년에 별도로 이른바 '임야조사사업'을 실시하였다.[17] 그 결과를 보면 일제의 이른바 조선총독부 소유림(국유지)이 955만 7,586정보, 사유림이 661만 684정보였다.[18]

그러나 일제의 '임야조사사업'의 결과 인정한 사유림 면적은 일제가 1910년 3~8월에 실시한 '임적조사' 때의 사유림 면적보다 약 77만 159정보가 줄었으며, 일제가 1916년 5월 말 사유림이라고 추정했던 818만 정보[19]보다 약 157만 정보가 축소된 것이었다.

일제는 '임야조사사업' 때 한국인의 사유림 중에서 관문기가 없는 사유림 337만 5,662정보를 '연고자 있는 조선총독부 소유림=국유림'으로 강제편입시켰다.[20] 이 임야면적이 바로 일제가 임야조사사업을 통해 한국인의 민유림을 일제의 이른바 '국유림'으로 다시 약탈한 면적이었다고 볼 수 있다.

주

1 〈皇城新聞〉, 3357호, 1910. 4. 30, '雜報'(耕地面積統計表) 참조.

2 愼鏞廈, "日帝下의 '朝鮮土地調査事業'과 '國有地' 創出 및 '驛屯土' 調査", 《朝鮮土地調査事業研究》, 181쪽 참조.

3 《續六典》, 戶典, 諸田, 田宅條, 《朝鮮王朝法典集》, 3권, 전게판, 143쪽.

4 같은 책, 같은 쪽.

5 《六典通編》, 戶典, 田宅條, 《朝鮮王朝法典集》, 3권, 《六典通編》, 51쪽.

6 《六典會通》, 戶典, 諸田條, 《朝鮮王朝法典集》, 4권, 전게판, 225~226쪽.

7 尹炳奭, "日本人의 荒蕪地開拓權要求에 대하여: 1904년 長森名儀의 委任契約 金圖를 중심으로", 〈歷史學報〉, 22집, 1964 참조.

8 《宮內府官制》, 1906, 161~162쪽 참조.

9 《高宗實錄》, 광무 11년 7월 4일조; 《奏議》, 118책, 광무 11년 7월 4일조, '法律 4호 國有未墾地利用法'; 〈官報〉, 3814호, 광무 11년 7월 10일조, '農商工部令 第50號 國有未墾地利用法施行規則' 참조.

10 《承政院日記》, 융희 2년 1월 21일조; 《奏議》, 128책, 융희 2년 1월 21일조; 《純宗實錄》, 융희 2년 1월 21일조; 〈官報〉, 3979호, 융희 2년 1월 24일조 '法律 제1호 森林法' 참조. 이 법률은 전문 22개조서 반포일(1908년 1월 21일)부터 시행하도록 규정했다.

11 〈官報〉, 4024호, 융희 2년 3월 18일자, '農商工部令 第63號 國有森林山野部分林規則' 전문 31조 및 3월 24일, 3월 25일, 4월

미간지와 임야 등의
조선총독부 소유지로의 약탈

　　2일, 4월 8일자, 제1호~제9호 양식 참조.

12 朝鮮森林協會, 《朝鮮林業逸志》, 1933, 53쪽 참조.

13 朝鮮總督府, 《朝鮮林野調査事業報告書》, 1938, 9쪽 참조.

14 愼鏞廈, "日帝下의 '朝鮮土地調査事業'과 '國有地' 創出 및 '驛
　　屯土' 調査", 《朝鮮土地調査事業硏究》, 190쪽 참조.

15 朝鮮總督府, 《朝鮮法令輯覽》, 1920, 10집, 9~11쪽 참조.

16 《朝鮮法令輯覽》, 10집, 27쪽.

17 강영심, "日帝下의 '朝鮮林野調査事業'에 관한 연구"(상·하),
　　〈韓國學報〉, 34~35집, 1984 참조.

18 朝鮮總督府農林局, 《朝鮮林野調査事業報告》, 1938, 84~85쪽
　　참조.

19 朝鮮總督府, 《朝鮮總督府統計年報》, 1916.

20 《林野調査事業報告》, 84쪽 참조.

민유지 조사에 의한 토지약탈

1. 무장조사단의 편성

일제의 민유농경지에 대한 토지조사는 일제가 이른바 '토지조사사업의 본사업'이라고 간주한 중요성을 띠었다.

일제는 '토지조사사업'을 실시할 때 그 수행을 위한 특별기구로서 조선총독부 내에 임시토지조사국을 신설했다. 그뿐 아니라, 실지조사를 담당할 '외업반'(外業班)을 중심으로 한 '무장조사단'(武裝調査團)을 편성하였다. 이 무장조사단은 4개 단위가 모여 이루어졌다. 즉, ① 토지조사국 출장원, ② 경무관헌, ③ 면장·이동장, ④ 지주총대(地主總代) 및 주요지주 등이었다.[1]

토지조사국 출장원은 일제가 '토지조사사업'의 실시를

〈그림 6-1〉 토지조사사업 시기 일제 헌병경찰(1910~1918년)

위하여 특별히 훈련한 조사원으로서, 일본인 조사원을 주로 하고 한국인 조사원을 보조원으로 했다. 1915년의 경우에 외업반원이 268명, 내근이 137명, 합계 405명의 조사원으로 구성되었다. 2 이들도 군경의 제복을 입고 때로는 무장케 하였다.

경무관헌은 무장한 일제의 헌병경찰로서 '토지조사사업'에 대한 한국 농민의 저항을 탄압하고, 토지조사국 출장원의 신변보호를 위하여 동원한 것이었다. 이미 토지조사사업 준비기간에 한국인들의 의병무장투쟁이 치열하게 고조되어 토지조사사업 실시를 불가능케 했다. 일제

민유지 조사에 의한
토지약탈

<〈그림 6-2〉 조선총독부 임시토지조사국 간부들

의 군사력에 의해 의병운동이 퇴조된 후인 1912년 이후에
도 한국 농민들의 일제 토지조사사업에 대한 저항이 일반
화되어 있었다.

그러므로 일제는 무력으로 이를 탄압하고 '토지조사사
업'을 강행하기 위해 조사과정 안에서 처음부터 일제 헌
병경찰의 무력을 동원한 것이었다.

면장·이동장·지주총대 및 주요지주는 일제 토지조사
사업에 동원된 한국인들이었다. 이 중 면장·이동장은 일
제가 임명한 하급관리의 성격을 가진 집단이었다. 또한
지주총대는 부윤·군수가 선정해 임명한 지주대표였다.

〈그림 6-3〉 토지조사사업 시기 일제 헌병경찰(함경북도 경성)

주요지주도 지주대표의 성격을 가진 집단이었다.

일제는 이 4개 집단으로 구성한 무장조사단을 출범시
켰다. 비유하면 한 손에는 피스톨과 대검을 들고(일제 헌
병경찰), 다른 한 손에는 망원경과 측량기를 든(토지조사
국 조사원) 토지조사와 토지약탈사업의 실무주체를 편성
한 것이었다.

또한 일제는 평균 12명으로 1개 외업반을 편성해 전국
을 분담하여 순회하면서 토지조사를 실행케 했다. [3] 그리
고 이 무장조사단의 토지조사사업 실시를 격려하고 감독
하기 위해 당해 지방청에 사무관과 감독관을 파견했다. [4]

2. 신고주의 방법의 채택

일제가 민유농경지에 대한 토지조사를 본격적으로 시작한 것은 이른바 국유지라는 이름의 조선총독부 소유지를 강제 창출한 '국유지 조사'가 일단락된 후였다. 1912년 조선총독부가 '토지조사령', '조선민사령', '부동산등기령' 등을 발표해 농경지에 대한 실지조사를 착수하면서 비롯된 것이다.

　일제는 민유농경지에 대한 토지조사를 기본적으로 '신고주의' 방법에 의존했다. 일제 '토지조사령' 제4조와 제5조에서는 신고주의 방법에 대해 다음과 같이 규정했다.

제4조 토지의 소유자는 조선총독이 정한 기한 내에 그의 토지의 주소, 씨명(氏名) 또는 명칭 및 소유지의 소재, 지목(地目), 자번호(字番號), 간표(間標), 지변(地簿), 등급, 결수를 임시토지조사국장에게 신고하여야 한다. 단, 국유지에 있어서는 보관관청으로부터 임시토지조사국장에게 통지하여야 한다.

제5조 토지의 소유자, 임차인 기타의 관리인은 조선총독이 정한 기한 내에 그 토지의 4위(四圍)의 강계에 표항(標杭)을 세우고, 지목 및 자번호와 함께 민유지에 있어서는 씨명 또는 명칭, 국유지에 있어서는 보관관청명을 이에 기재하여야 한다.[5]

〈그림 6-4〉 토지조사의 도근점 표석 매설과 헌병경찰의 호위(서울)

　일제의 민유농경지 조사에 있어 이러한 신고주의 방법
은 다음에서 밝혀지는 바와 같이 본질적으로 약탈적 방법
을 내용으로 한 것이었다.

3. 토지조사의 기본과정

일제가 민유농경지에 대한 토지조사를 실시한 기본과정
을 간단히 정리하면 다음과 같다.

1) 토지신고서 용지의 배포와 설명

일제 토지조사의 무장조사단인 외업반은 토지조사를 실시하기로 순서를 결정한 군·면에 들어가 먼저 면장·이동장·지주총대·주요지주를 소집해 토지신고서 용지를 배포하고 그 기재방법을 설명했다.[6]

〈그림 6-5〉 토지신고서 양식

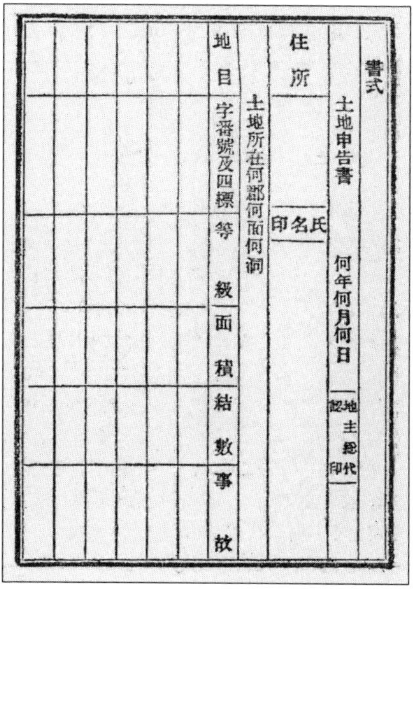
書式
土地申告書
何年何月何日
地主總代 認印
住所
氏名 印
土地所在何郡何面何洞
地目 | 字番號及四標 | 等級 | 面積 | 結數 | 事故

3) 토지신고서와 결수연명부의 대조

일제는 수집한 토지신고서를 면직원과 지주총대로 하여
금 구한말에 이동장이 만든 결수연명부와 대조하도록 하
였다. 그러나 결수연명부 자체가 매우 소략하게 작성된
불완전한 것이었기 때문에 이 절차는 형식적인 것에 그쳤
고, 실제로는 모든 것을 토지신고서에 의존했다. [7]

〈그림 6-6〉 토지조사부(경기도 수원)

민유지 조사에 의한
토지약탈

4) 1필지의 지주·강계·지목·지번조사

일제는 토지신고서를 받은 다음 그 신고서에 따라 1필지별 조사를 실시하였다. 1필지조사는 지주조사, 강계조사, 지목조사, 지번조사로 나뉘었다.

지주조사는 신고주의를 그대로 채택했다. 동일 토지에 대해 2인 이상의 권리주장자가 있는 경우 또는 단지 1인

〈그림 6-7〉 임야조사부(경기도 수원)

의 권리주장자밖에 없지만 그 권원(權源)에 의문이 있는 경우를 제외하고는 권원조사를 하지 않고 신고명의인을 지주로 인정했다.[8]

즉, 지주조사는 민유지에서는 토지신고서에, 국유지에서는 보관관청의 통지서에 기초함을 원칙으로 했다. 그렇기 때문에, 조사원은 신고서를 실제사실과 대조하여 봄이 없이 토지신고서의 신고자를 지주로서 법적으로 시인하였다.

만일 동일한 토지에 대해 소유권 주장자가 2인 이상 있거나 또는 강계에 분쟁이 있는 경우에는, 먼저 당사자 간에 화해를 시도하여 쌍방 의견이 일치할 때는 화해서(和解書)를 작성시켜 이를 토지신고서에 첨부했다. 화해가 성립되지 않는 경우에는 분쟁지로서 이를 조사하도록 했다. 또한 소유권원에 있어 신고자를 바로 지주로 인정하기 어려운 경우는 따로 분쟁지에 준해 이를 처리하도록 했다.[9]

강계조사는 신고자로 하여금 그 토지의 4위에 표항을 세우고, 지주·관리인·이해관계인 또는 그 대리인 및 지주총대를 입회시켜서 그 토지와 이웃토지의 관계를 조사하는 것으로서 소유권의 분계(分界)를 확정하기 위한 것이었다.[10]

지목조사는 토지의 종류를 (가) ① 전(田), ② 답(畓), ③ 대(垈), ④ 지소(池沼), ⑤ 임야(林野), ⑥ 잡종지(雜種地) 등과 (나) ⑦ 사사지(寺社地), ⑧ 분묘지(墳墓地), ⑨ 공원지(公園地), ⑩ 철도용지(鐵道用地), ⑪ 수도용지(水道用地) 등과 (다) ⑫ 도로(道路), ⑬ 하천(河川), ⑭ 구거(溝渠), ⑮ 시방(堤防), ⑯ 성첩(城堞), ⑰ 철도선로(鐵道線路), ⑱ 수도선로(水道線路) 등의 18종류로 구분해 조사 당시의 토지 종류를 확인하는 것이었다.

이 중에서 (가)는 직접수익이 있는 토지로서 현재 과세하거나 또는 장래에 과세를 목적으로 하는 토지다. 한편, (나)는 직접수익이 없고 대부분 공공용에 속해 과세를 면제해야 할 토지이며, (다)는 사유를 인정할 성질이 아니라 또한 전연 과세의 목적이 되지 않는 토지다. [11]

지번조사는 일제가 토지를 정확히 장악하기 위해 조사 대상지에 대해서 1동(洞)을 큰 단위로 1필지마다 그들의 목적에 따른 편의대로 차례로 토지의 번호를 붙여가는 작업이었다. [12]

4. 사정과 그 귀결

일제는 1필지의 지주·강계·지목·지번조사가 끝난 다음, 최종적으로 일제 당국이 주체가 되어 사정(査定)을 하였다. 사정은 토지소유자 및 그 강계를 확정하는 행정처분을 말하는 것이었다.

일제 '조선토지조사사업'의 사정실적을 살펴보면, 사정총필수 1,910만 7,520필 중에서 지주신고를 그대로 시인한 경우가 총필수의 99.5%에 해당하는 1,900만 9,054필이었다.

기타 계쟁지(係爭地)가 총필수의 0.4%에 해당하는 7만 866필이었으며, 이해관계인의 신고필수가 총필수의 0.02%에 해당하는 3,766필이었고, 상속미정필수가 총필수의 0.08%에 해당하는 1만 4,479필이었다. 무신고로서 국유로 인정된 경우가 총필수의 0.05%에 해당하는 8,944필이었고, 무신고로서 민유로 인정된 경우는 총필수의 겨우 0.002%에 해당하는 411필에 불과한 수치였다.[13]

여기서 명확히 알 수 있는 것은 일제의 농경지에 대한 토지조사사업 사정은 신고주의 방법에 의해 99.5%가 신고된 그대로 사정되어 그 토지의 소유자 및 강계를 확정하는 행정처분이 내려졌다는 사실이다.

이러한 과정을 거쳐 일제의 농경지에 대한 토지조사사업에서 사정된 농경지 등의 면적은 〈표 6-1〉에 제시된 바와 같다. 즉, 답이 154만 5, 594정보, 전이 279만 1, 510정보, 대가 12만 9, 664정보, 기타 40만 4, 293정보, 합계가 487만 1, 071정보에 달했다. [14]

〈표 6-1〉 토지조사사업에 의한 조사면적표

(단위: 정보)

도별 구분	전(田)	답(畓)	대(垈)	기타	합계
경기도	187,165	198,637	15,455	37,208	438,455
충청북도	89,990	70,303	6,09	10,197	176,499
충청남도	82,861	161,869	10,344	22,155	276,829
전라북도	68,414	167,095	9,234	28,304	273,047
전라남도	206,615	202,443	15,82	52,315	477,194
경상북도	203,645	189,480	14,083	30,122	437,330
경상남도	118,993	162,499	11,505	34,631	327,628
황해도	410,971	132,246	11,677	59,391	914,285
평안남도	331,331	3,102	8,353	38,831	441,799
평안북도	324,671	72,222	7,896	25,885	430,674
강원도	250,659	78,059	8,336	25,064	362,118
함경남도	315,516	40,768	7,413	24,662	388,354
함경북도	200,679	7,276	3,366	15,528	226,849
합계	2,791,510	1,545,594	129,664	404,293	4,871,071

자료: 《조선토지조사사업보고서》, 672쪽.

〈그림 6-8〉 1필지조사(경기도 고양군)

　여기서 조선총독부 소유지(국유지)로 일제가 약탈한 면
적 13만 7,224정보를 빼면, 일제 토지조사사업에 의해 조
사된 민유농경지 등의 면적은 473만 3,847정보가 된다.

　일제의 이른바 토지조사사업에 의해 농경지 등에 대해
서는 민유지가 473만 3,847정보, 조선총독부 소유지(국
유지)가 13만 7,224정보, 합계 487만 1,071정보가 조사
되어 확정된 것이다.

　일제는 농경지에 대한 토지조사사업에서 민유농경지
등에 대한 토지조사를 하면서 신고주의 방법을 채택하여
한국 농민들의 사유농경지까지도 방대하게 약탈하였다.

민유지 조사에 의한
토지약탈

〈그림 6-9〉 토지조사의 1필지 측량(경기도 고양군)

우선 일제는 신고되지 않은 한국 농민의 사유농경지를 '국유지'(일제 조선총독부 소유지)로 약탈했다. 일제의 토지조사사업의 목적과 그 심각성을 충분히 이해하지 못하는 상당수의 농민들은 조세부담을 피하기 위해 또는 다른 이유로 일제의 '토지조사령'을 이행하지 않았다.

이렇게 해서 신고되지 않은 한국 농민의 사유농경지가 일제 통계로도 9,355필에 달했다. 그런데 이 중에서 일제 조선총독부가 민유지로 인정하여 돌려준 것은 그 0.4%에 해당하는 411필에 불과하였다. 그 99.6%에 해당하는 8,944필은 조선총독부 소유지로 이른바 '국유지화'해 버렸다. [15] 일제는 신고에서 누락된 한국 농민의 사유농경지를 거의 전부 조선총독부 소유지로 약탈한 것이었다.

또한 일제는 토지조사사업을 통해 종래 일부 남아 있던 촌락공유지 대부분도 조선총독부 소유지로 약탈하였다. 그뿐 아니라 종래 농민의 관습적 소유지로 경작되던 하천변의 공지(空地)·포락지(浦落地)·이생지(泥生地) 등도 모두 조선총독부의 소유지로 약탈하였다.

일제가 앞서 이른바 '국유지 조사'를 하면서 한국 농민의 사유지와 투탁지 및 혼탈입지를 '역둔토'에 강제편입시켜 약탈한 사실은 이미 4장에서 밝힌 바와 같다.

일제는 '민유지 조사'를 하면서도 신고주의 방법에 기초해 온갖 책략으로 또다시 한국 농민의 사유농경지를 조선총독부 소유지(국유지)로 강제편입시켜 약탈하였다.

일제 조선총독부뿐만 아니라, 그에 덩달아 한국에 침투한 일제자본가, 동양척식주식회사, 일본인 투기가, 일본인 이민들까지도 신고주의 방법에 의거해 일제 식민지 통치권력과 무력의 비호를 배경으로 한국 농민의 사유농경지를 약탈하려 했다. 그들은 토지신고서를 제출하여 토지약탈을 획책하였고, 실제로 상당한 면적의 한국 농민의 사유농경지를 약탈하였다.

민유지 조사에 의한
토지약탈

일제의 '토지조사사업'을 통한 한국 농민의 토지약탈은, 9장에서 밝히는 바와 같이, 즉각 한국 농민의 격렬한 저항을 받아 이른바 '토지소유권분쟁'을 일으키게 된다.

주

1 《朝鮮土地調查事業報告書》, 58쪽 참조.

2 《朝鮮土地調查事業報告書》, 450~451쪽 참조.

3 朝鮮總督府臨時土地調查局, 《土地調查事業現況報告書》, 2회, 1911, 4쪽 참조.

4 《朝鮮土地調查事業報告書》, 58쪽 참조.

5 〈朝鮮總督府官報〉, 2호, 1912. 8. 13, '土地調查令'.

6 《朝鮮土地調查事業報告書》, 57~62쪽 참조.

7 《朝鮮土地調查事業報告書》, 64쪽 참조.

8 《朝鮮土地調查事業報告書》, 81쪽 참조.

9 《朝鮮土地調查事業報告書》, 85쪽 참조.

10 《朝鮮土地調查事業報告書》, 81쪽 참조.

11 《朝鮮土地調查事業報告書》, 95~96쪽 참조.

12 《朝鮮土地調查事業報告書》, 97~98쪽 참조.

13 《朝鮮土地調查事業報告書》, 414쪽 참조.

14 《朝鮮土地調查事業報告書》, 672쪽 참조.

15 《朝鮮土地調查事業報告書》, 414쪽 참조.

7장

일제 토지약탈의 총괄

1. 일제 조선총독부의 한국 국토 50.4%의 약탈소유

일제의 이른바 '토지조사사업'은 어떠한 과정을 거쳐 진행되었는가? 또한 이 과정에서 약탈한 한국 토지는 모두 얼마나 되었는가?

먼저 일제의 토지조사사업 진행순서를 정리해 보면 이러하다. 첫째, 공유지와 농경지에 대해 조선총독부 소유지(국유지, 역둔토)를 강제 창출해서 확보했다. 둘째, 사유농경지에 대해 신고해서 재법인받도록 하고, 그 밖의 모든 농경지를 조선총독부 소유지(국유지)에 약탈하여 강제편입시켰다.

셋째, 임야(미간지 포함)에 대해 관문기의 증빙서류를

<〈그림 7-1〉 토지조사사업의 지위등급조사(전라북도 전주)

첨부하여 신고해서 심사받도록 하고, 그 밖의 모든 임야
를 '국유림'(조선총독부 소유림)으로 강탈하여 강제편입
시켰다.

넷째, 농경지와 임야 이외 기타 특수토지들은 모두 조
선총독부 소유지(국유지)로 강제편입시킴으로써 약탈하
였다. 뿐만 아니라, 일제에 의해서도 명백하게 사유농
경지이며 사유림이라고 추정된 농경지 약 9만 6,700정
보와 임야 약 337만 5,662정보, 합계 347만 2,362정보
의 사유지를 빼앗아서 조선총독부 소유지로 강제편입
시켰다.

<그림 7-2> 토지조사사업의 지위등급조사(평안북도 박천)

　일제 토지조사사업이 일단 종료된 1918년 말의 ① 사유농경지(대 등 포함) 면적이 442만 8,966정보,[1] ② 사유림·민유림의 면적이 661만 684정보, ③ 합계 1,103만 9,650정보였다. 이 사유지 면적 1,103만 9,650정보는 당시의 국토 총면적 2,224만 6,523정보의 약 49.6%에 해당하는 것이었다.

　이에 비해 일제가 조선총독부 소유지(국유지)화한 면적은 ① 농경지 등(대 등 포함)이 27만 2,076정보,[2] ② 조선총독부 소유림(국유지)이 955만 7,586정보, ③ 기타 조선총독부 소유지(국유지)가 137만 7,211정보, ④ 합계

〈그림 7-3〉 토지조사사업의 지위등급조사(평안북도 박천)

1, 120만 6, 873정보에 달하였다. 이것은 당시의 국토 총
면적의 약 50. 4%에 이르는 수치였다.

　이것을 농경지 등과 임야로 구분하면, 일제 조선총독부
는 토지조사사업을 통해 전국 농경지의 약 5. 8%, 전국
임야의 약 59. 1%를 아무런 대가지출 없이 식민지 강점
의 무력과 권력에 의거해 무상으로 약탈한 것이다.

일제 토지약탈의
총괄

2. 일본 회사지주와 토지자본의 토지점유는 별도

이러한 통계는 물론 한국에 침입한 민간회사 지주들과 일본인 이민들이 점유한 토지면적은 전혀 계산에 포함시키지 않은 것이다. 일제 조선총독부가 토지조사사업 결과로 직접 약탈하여 소유하게 된 토지만을 계산한 것이다.

결국 일제는 이른바 '토지조사사업'을 통하여 식민지통치 무력과 권력에 의거해 무상으로 전국토지의 약 50.4%를 약탈하여 일제 조선총독부의 소유지로 강제편입시켰다. 또한 일본인 이민들과 일본인 토지회사들이 불법 점유한 농경지와 임야의 사유권을 법인하고 등기시켜 보호해 주었다.

앞으로의 일본자본과 일본이민들의 토지점탈을 가속화하기 위해 편의한 제도를 확립시켜 준 것이었다.

1 《朝鮮總督府通計年報》, 1918, 5~7쪽에 따르면, 1918년 12월 말의 '민유과세지' 면적은 442만 8,966정보이고, '민유비과세지' 면적은 19만 7,810정보다. 그런데 민유비과세지에 포함된 '임야' 등이 '민유림'의 통계에 다시 계상되었으므로, 여기서는 중복과 이중계산을 피하기 위해 민유과세지만큼 '농경지' 등의 항목에 넣고 민유비과세는 '민유림'에 포함된 것이기 때문에 제외하였다.

2 《朝鮮總督府通計年報》, 1918, 3~4쪽에서 볼 수 있듯이, 이 중에서 전(田)과 답(畓)의 순수한 농경지 면적은 11만 9,686정보이고 나머지 면적은 대(垈)·지소(池沼)·잡종지(雜種地) 등 비농경지에 속하는 다른 항목의 면적이다. 일제 통계가 이를 항상 넓은 의미의 농경지 면적에 포함하여 발표했기 때문에 여기서는 '농경지 등'이라는 표현으로 넓은 의미로 해석하여 그대로 차용하였다.

8장

토지등기제도의 시행

1. 토지등기제도의 실시

일제는 '토지조사사업'의 소유권 사정이 완결되자 해당 토지에 대해 토지대장을 그대로 사용해 토지등기부를 작성하고, 토지등기제도를 도입하여 시행하였다.

토지등기제도는 일제가 '토지조사사업'을 실시함과 함께 1912년 3월 18일 '조선부동산등기령'과 '조선부동산등기령시행규칙'을 공포함으로써 시행되기 시작했다. 이것은 일본이 프랑스의 등기제도를 도입하여 만든 일본의 등기법을 인용한 것으로서 일본과 동일한 등기제도를 실시한 것이었다.

이 등기제도는 일본민법 제177조에 "부동산에 관한 물권의 득상(得喪) 및 변경은 등기법이 정하는 바에 따라서 그 등기를 하지 않으면 이를 제3자에 대항할 수 없다"고 한 규정에 근거를 둔 것이었다. 일제는 이에 토지조사를 거쳐 토지대장에 기재된 토지에 대해서는 각 지방 등기소의 토지등기부에 등기케 하였다. [1]

그러나 토지의 등기는 토지대장의 정비와 함께 사용하지 않으면 완전히 시행하기 어려운 사정이다. 이 때문에 등기제도의 실시는 이를 토지조사의 진행에 수반시키지 않을 수 없었다. 따라서 처음에는 등기령의 시행을 연기하지 않을 수 없었다.

그 이후 토지조사가 점차 진행되고 토지대장의 부분적 완성을 보게 되자, 일제는 1914년 5월 1일부터 서울 기타의 시가지 전부에 등기령을 시행하기 시작했다. 그리고 토지조사의 진전에 맞추어 점차 이를 확대해가다가 1918년까지 전국에 걸쳐 이를 시행하게 되었다. [2]

일제는 토지등기제도를 적용함에 있어 토지대장소관청과 등기소를 밀접히 연결시켰다. 일제의 등기령은 토지대장을 토지소유권을 증명하는 공부(公簿)로 인정하고, 토지대장의 등본을 가지고 소유권을 증명하는 법제를 택하였다. [3]

토지등기제도의
시행

토지조사가 시행되어 토지의 지목·지번·소유자 및 강계를 사정하여 소유권의 소재를 확정하고 새로운 토지대장을 만들어 사정의 결과를 등록한 후, 이 토지대장은 조사관청(임시토지조사목)으로부터 징세관청인 도청에 인계되었으며, 이것은 다시 토지등기부의 대본으로 사용되었다.

또한 토지조사의 결과로 생긴 토지의 분합(分合), 면적의 증감, 또는 지목·지번의 변경을 등기할 때에는 그 변경사항을 증명하는 토지대장소관청의 서면을 제출하도록 규정하였다. [4]

일제의 등기령은 또한 토지조사를 행하지 않았기 때문에, 토지대장에 등록되지 않아서 미등기된 토지의 소유권 등기는 부윤 또는 군수의 인증에 의하여 그 소유권을 증명하는 자가 이를 신청할 수 있도록 특별규정을 둔 것이었다. [5]

2. 일본자본의 토지점유의 법률적 보장

그러므로 일제의 '토지조사사업'에 의하여 행정처분(行政處分)을 통해서 지주로 인정된 토지소유자는 일제의 이 토지등기제도 시행에 의하여 토지소유권자로서의 법률적 재인정을 받게 되고, 법률적 권리를 등록하게 되었으며, 일제 법률의 완전한 보호를 받게 된 것이었다.

또한 이 토지등기제도는 토지등기부에 기재된 토지소유자만이 배타적으로 일제 법률의 보호를 받는 유일한 토지소유권자가 되어 토지의 매매·상속·증여·전당 등의 모든 행위를 결정할 수 있게 했다. 즉, 이 토지등기제도는 토지대장과 토지등기부에 등기한 토지소유권자의 토지등기증명으로 하여금 완전히 제3자에게도 대항하는 공증적(公證的) 성격을 가진 것으로 통용케 한 것이다.

일제의 이러한 토지등기제도의 시행으로 '토지조사사업'을 통해 한국 농민의 소유지를 약탈한 일제 조선총독부·동양척식주식회사·일제자본가·일본인 지주·일본인 이민들은 그들이 약탈한 토지의 신성불가침한 배타적 토지소유권자로 법인되었고, 한국인 지주들의 토지소유권이 재법인되었다.

일제는 이런 일련의 움직임 속에서 일본자본의 토지점유를 위한 편의와 법률적 보장을 철저히 갖추어간 것이다.

주

1 〈朝鮮總督府官報〉, 호외, 1912. 3. 19, '朝鮮不動産登記令' 참조.

2 〈朝鮮彙報〉, 1916년 9월호, '不動産登記制度(1)', 139~141쪽 참조.

3 〈朝鮮彙報〉, 1916년 10월호, '不動産登記制度(2)', 136~140쪽 참조.

4 〈朝鮮彙報〉, 1916년 11월호, '不動産登記制度(3)', 83~88쪽 참조.

5 〈朝鮮彙報〉, 1916년 12월호, '不動産登記制度(4)', 101~108쪽 참조.

9장

토지조사분쟁과 한국 농민의 저항

1. 토지조사분쟁의 내용

일제의 '조선토지조사사업'이 신고주의에 의해 폭력적 방법으로 한국 농민의 농경지를 일제 조선총독부 소유지, 이른바 '국유지'로 강제편입시키면서 약탈해가자 한국 농민들 사이에서 광범위한 저항이 '토지조사분쟁'이라는 형태로 나타나게 되었다.

토지조사분쟁은 크게 조선총독부 소유지(국유지) 분쟁과 민유지분쟁으로 나눌 수 있다. 국유지분쟁은 한국 농민의 일제 조선총독부에 대한 직접적 저항투쟁이었다. 국유지 이외 분쟁은 한국 농민이 간접적으로 일제 조선총독부의 토지조사사업에 저항한 것이라고 볼 수 있다.

<〈그림 9-1〉 토지사정불복신청사건 재결관계철(1919년)

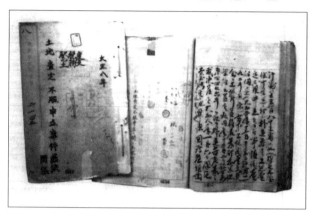

　당초 일제는 토지조사사업을 시작할 때 토지조사분쟁이 크게 일어나리라고 생각지 않았다. 그래서 분쟁지조사 종사인원으로 전담관은 일본인 판임관 1명과 경무관으로서 일본인 고등관 1명 및 한국인 판임관 1명을 두었을 뿐이다.

　그러나 토지조사사업의 진전에 따라 농민의 저항과 토지조사분쟁이 격증하게 되었다. 뿐만 아니라 조선총독부 소유지(국유지) 분쟁에서는 한 사건에 수백 명의 농민이 관계되는 일이 자주 있었다. 한국 농민의 저항은 치열하고 완강했으므로 일제 조선총독부가 처음 생각했던 것처럼 단순하고 용이한 문제가 아니었다.

토지조사분쟁과
한국 농민의 저항

결국 일제는 토지조사분쟁을 무마하기 위해 수많은 인원을 동원해야 했다. 1910년 9월 분쟁지조사 개시 이래 1918년 1월 분쟁지조사 종료에 이르기까지의 기간 동안에 연인원으로 일본인 5만 7,024명, 한국인 4만 4,612명, 합계 10만 1,636명을 분쟁지조사 종사인원으로 투입했던 것이다. 이를 담당 사무별로 구분하면 내업종사 연인원이 7만 1,400명, 외업종사 연인원이 3만 236명에 달하였다.[1]

여기서도 일제 토지조사사업 실시 중에 한국 농민이 얼마나 완강하게 저항했으며, 일제가 토지조사분쟁 무마를 위하여 얼마나 많은 힘을 쏟았는지 알 수 있다.

토지조사분쟁의 내용은 〈표 9-1〉에서 제시하는 바와 같다. 토지조사분쟁 총필수 9만 9,455필 중에서 99.7%에 해당하는 9만 9,138필이 '소유권분쟁'이고, 나머지 오직

〈표 9-1〉 토지조사분쟁의 내용

국·민유별 분쟁종류	전체 토지조사분쟁 (A)		국유지분쟁 (B)		민유지분쟁 (C)	
	필수	%(A/D)	필수	%(B/A)	필수	%(A/C)
소유권분쟁	99,138	99.7	64,449	65.0	34,689	35.0
강계분쟁	307	0.3	121	39.4	186	60.6
계	99,445(D)	100.0	64,570	64.9	34,875	35.1

자료: 《조선토지조사사업보고서》, 123~124쪽.

0. 3％에 해당하는 307필만이 '강계분쟁'이었다. 즉, 거의 대부분의 토지조사분쟁이 소유권분쟁이었다.

다시 소유권분쟁 내용을 보면, 소유권분쟁 총필수 9만 9, 138필의 65. 0％에 해당하는 6만 4, 449필이 조선총독부 소유지(국유지) 소유권분쟁이었고, 나머지 35. 0％에 해당하는 3만 4, 689필이 민유지소유권분쟁이었다. 즉, 토지소유권분쟁의 약 3분의 2에 달하는 압도적 비율이 일제가 조선총독부 소유지로 약탈한 이른바 '국유지'에서의 소유권분쟁이었다.

뿐만 아니라 대한제국 정부가 동양척식주식회사에 출자한 역둔토가 분쟁지로 떠오른 것도 주목할 만하다. 일제에 의하여 이것은 민유지분쟁으로 집계되었으나, 실제로는 한국 농민 대 일제 조선총독부 사이의 분쟁으로[2] 국유지분쟁의 성격을 지닌 것이었다. 그러므로 이를 포함하면 사실상 조선총독부 소유지(국유지) 소유권분쟁의 비중은 통계수치보다 더 높았다고 볼 수 있다.

강계분쟁은 강계분쟁 총필수 307필 중에서 그 39. 4％에 해당하는 121필이 국유지에서의 강계분쟁이었고, 그 60. 6％에 해당하는 186필이 민유지에서의 강계분쟁이었다. 그런데 민유지 강계분쟁의 대부분은 일본인들이 한국 농민의 토지의 경계를 침입해 일어난 것이었다. 일제의 임시토지조사국 측량과장은 다음과 같이 증언하였다.

아시는 바와 같이 … 경계 등은 다분히 다투어 분쟁이라도 일어나지 않는가 생각하지만, 사실은 의외로 조선인 사이에는 토지소유권의 분쟁이나 경계지의 분의(紛議) 등은 없고, 때때로 있는 것은 민유지 대 국유지라든가 내지(일본인 — 필자) 대 조선인 사이의 경계분쟁 등이다. 내지인이 일부러 경계의 애매함을 기화로 인접지를 침입하려고 하는 것과 같은 것은 꺼림칙한 일이다. 3

그러나 강계분쟁은 그 필수가 극히 얼마 안 되는 적은 수의 것이었기 때문에, 토지조사사업의 전 과정에서 큰 의미를 가진 것이 아니었다. 문제의 초점은 토지소유권 분쟁에 있었다고 할 수 있다.

국유지에서의 소유권분쟁은 토지소유권을 놓고 한국 농민 대 일제 조선총독부가 대항 혹은 분쟁에 들어간 경우를 말한다. 그런데 이러한 조선총독부 소지지(국유지) 소유권분쟁은, 앞에서 밝힌 바와 같이, 일제 통감부와 조선총독부가 한국 농민의 소유농경지를 식민지 통치권력과 무력으로 무리하게 약탈하여 조선총독부 소유지로 강제편입시켰기 때문에 발생한 것이었다.

국유지분쟁을 국유지 종류별로 살펴보면, 둔토분쟁이 국유지분쟁 총필수의 45. 9% (1만 9, 783필) 로 가장 많고, 다음으로 궁장토분쟁이 33. 1% (1만 4, 232필), 미간지분쟁이 4. 8% (2, 084필), 능원묘위토분쟁이 0. 2% (85필), 제언답분쟁이 0. 1% (49필) 순이었다. [4]

민유지에서의 토지소유권분쟁은 주로 1필의 토지에 대한 소유권 주장자가 2인 이상의 다수로 나타난 경우가 많았다. 민유지소유권분쟁의 내용은 경우에 따라 매우 다양하고 복잡하였다.

국유지분쟁 및 민유지분쟁과 약간 다른 차원에서 토지조사분쟁 중에 적지 않은 지분을 차지한 것이 '도지권분쟁'이었다. 이것은 농민의 소작지에서 소작농 소유권의 일부로 성장한 농민의 중요한 권리인 '도지권'을 일제의 토지조사사업이 부정하여 소멸시키려 했기 때문에 한국 농민이 불복하여 발생한 것이었다.

이러한 토지조사분쟁은 한국 농민이 일제 토지조사사업에 직간접적으로 저항한 운동의 성격을 지녔음은 두말할 필요도 없다.

2. 일제의 분쟁지 처리

일제는 이상과 같은 한국 농민의 저항과 토지조사분쟁에 대하여 주로 다음과 같은 3가지 방식으로 이를 탄압했다.

첫째, '토지조사사업' 실시 도중 발생한 분쟁에 대한 '화해의 강제'[5]이다.

일제는 토지신고서를 받으면서, "분쟁에 걸린 토지신고서를 수리할 때에는 당사자를 설유하여 될 수 있는 대로 화해시키고",[6] 사전에 일제 관권력으로 압력을 넣어 반드시 사전화해로 문제를 해결하며, 소송에 계류 중인 것도 관권력으로 당사자에게 압력을 넣어 소송을 취하시키고, 그래도 취하되지 않는 것은 그 뜻을 부기해 두도록 했다.

또한, 설유에 의해 화해가 된 것은 당사자로 하여금 반드시 증거서류·약도 및 진술서를 제출하도록 하였다.[7] 따라서 앞에서 분쟁지의 통계로 제시한 것은 일제의 '화해의 강제'에 굴복하지 않고 끝까지 분쟁지로서 신고한 필수의 통계였다.

일제의 이 '화해의 강제'에 의해 실제로 화해가 성사된 경우는 1만 1,648건, 즉 2만 6,423필로서 분쟁지 총필수의 26.6%에 해당하는 것이었다.[8]

<그림 9-2> 토지조사사업의 분쟁지조사(경상남도 부산)

　일제의 '토지조사사업'이 실시된 1910년대는 헌병경찰제(憲兵警察制)에 의한 무단탄압으로 일제 식민지통치가 극단에 달했던 시기였다. 일제 헌병경찰은 영장 없이 한국인을 체포하여 재판 없이 3개월 이내 징역이나 90대 이하 태형(笞刑)에 처할 수 있는 무소불위의 권력을 행사했다. 이러한 상황에서 일제 관권력의 압력에 의한 '화해의 강제'가 무권리하고 무력한 한국 농민들에게 얼마나 큰 강제였는지는 충분히 짐작할 수 있다.

　둘째, 국유지분쟁에서 일제의 경찰력 동원에 의한 무력탄압의 자행이었다.

토지조사분쟁과
한국 농민의 저항

〈그림 9-3〉 토지조사사업 시기 일제 헌병경찰의 태형

　예컨대 일제 조선총독은 1912년 각 도 장관에게 내린
훈시에서 "조선총독부 소유지(국유지) 분쟁은 관유재산
의 득실에 관한 중대한 문제이므로"9 경찰관을 동원하여
사전에 이를 방지하라고 다음과 같이 지시하였다.

　근래 국유지 편입, 소작료 징수, 어업권의 허부(許否) 및 토지
권리관계 등에 관하여 지방민이 분요(紛擾)를 일으키고 다중
(多衆)이 집합하여 관청에 청원을 하고, 심하면 다액의 비용을
소비해서 연(延)하여 부락의 피폐를 초래하는 것도 적지 않다.
　그 많은 것은 정당한 이유가 있지 않은 것으로서, 2～3명

135

의 일을 꾸미려고 하는 자의 선동에 기인한 것이다. 이들에
대해서는 경찰이 상당한 취체를 하고 있을지라도 지방관(地
方官)도 항상 이에 주의하여 필요한 경우에 있어서는 경찰관
에 명하여 될 수 있는 한 사건을 미발(未發)에 방지하도록
기하라.[10]

여기서 주목할 것은 일제가 한국 농민의 토지를 약탈하
여 이른바 조선총독부 소유지(국유지)로 강제편입시켜 놓
고는 이에 대한 한국 농민의 저항을 헌병경찰의 무력으로
사전에 탄압하도록, 민유농경지에 대한 이른바 '토지조사'
를 본격적으로 시작한 해인 1912년에 조선총독이 직접 지
시했다는 사실이다.

그렇다면 일제 헌병경찰의 무력사용이 이런 목적으로 이
미 1912년에 조선총독에 의해 지시되었다는 사실은 무엇
을 의미하는가? 이는 일제가 토지조사사업을 통해 의도적
으로 한국 농민 토지를 약탈하면서 처음부터 한국 농민의
저항운동을 헌병경찰의 무력을 동원해 사전에 탄압하도록
계획을 세워 놓고 토지약탈을 자행했음을 시사한다고 할
수 있다.

셋째는, 분쟁지심사위원회의 전횡이었다.

일제는 분쟁지조사를 사법부에 위임하여 정밀한 심사와 판결을 거치도록 한 것이 아니라, 일제 조선총독부 임시토지조사국 내에 분쟁지심사위원회를 설치하여 행정처분에 의해서 이를 단행하도록 하였다. 분쟁지심사위원회는 조선총독부 임시토지조사국 총무과장 와다 이치로를 위원장으로 하여 일본인 관리에서 차출한 위원 5명으로 구성되어 있었다.

이 위원회는 '신양안'이 있음에도 불구하고 주로 '강희양안'이라는 1719년경에 작성된 '구양안'을 근거로 하여,[11] 한국 농민의 주장을 부당한 것으로 심의·결정하고 일제 조선총독부의 주장을 정당한 것으로 결정하는 전횡을 부렸다. 와다 이치로는 예컨대 "국유론은 강희양안에는 역(驛) 또는 마위(馬位)라고 기재되어 있어서 역위토(驛位土)가 명료하다고 주장한다"[12]라고 하여 '조선총독부 소유지 = 국유지' 론의 주장이 강희양안에 의거했음을 밝혔다.

또한 분쟁지심사위원회는 구양안에 어떻게 기재되었든지 관계없이 일제가 조선총독부 소유지(국유지)로 약탈한 한국 농민의 소유지는 한국 농민들의 항의에도 불구하고 모두 '국유지 = 조선총독부 소유지'로 심의·결정하는 역할을 수행했음을 주목할 필요가 있다.

원래 법제상으로 분쟁지심사위원회의 분쟁지 심의는 '지방토지조사위원회'[13] 자문을 받아 사정하도록 되어 있었으며, 이 자문은 사정의 요건이었다. 그러나 지방토지조사위원회가 분쟁지심사위원회에서 자문을 요청한 분쟁 2,209건 중에서 분쟁지심사위원회의 제안에 반대한 것은 단 2건뿐이었고 나머지는 모두 원안대로 찬성하였다.[14] 여기서도 모든 분쟁지의 심의·결정이 조선총독부 임시토지조사국에 의하여 일방적인 전횡으로 이뤄졌음 알 수 있다.

요컨대 일제 조선총독부는 '토지조사분쟁'이라는 일제의 '토지조사사업'과 '토지약탈'에 대한 한국 농민의 반항투쟁을 조선총독부의 관권을 동원하여 탄압했다. 그들은 분쟁이나 저항이 일어나면 강제로 '화해'시키거나 소송을 취하시키고, 이렇게 해결되지 않는 경우엔 헌병경찰을 동원하여 무력으로 탄압했다. 그래도 끝까지 저항하는 분쟁에 대해서는 분쟁지심사위원회가 일방적으로 전횡하여 한국 농민의 주장을 부당한 것으로 '심사·결정'하여 분쟁지문제를 처리한 것이었다.

주

1 《朝鮮土地調査事業報告書》, 191쪽 참조.

2 《朝鮮土地調査事業報告書》, 180쪽 참조.

3 朝鮮總督府, 〈朝鮮〉, 44호, 51쪽, 臨時土地調査局 測量課長 土屋의 談話; 李在茂, 전게논문에서 재인용.

4 愼鏞廈, "日帝下의 '朝鮮土地調査事業'에 대한 一考察", 〈韓國史硏究〉, 15집, 1977 참조.

5 李在茂, 전게논문 참조.

6 《朝鮮土地調査事業報告書》, 68쪽 참조.

7 《朝鮮土地調査事業報告書》, 68~69쪽 참조.

8 《朝鮮土地調査事業報告書》, 124쪽 참조.

9 朝鮮總督府, 《總督訓示及指示》, 26쪽, "1912년 4월 22일의 道長官에의 總督指示"; 朴文圭, 전게논문에서 재인용.

10 朝鮮總督府, 《總督訓示及指示》, 38쪽; 朴文圭, 전게논문에서 재인용.

11 《朝鮮土地調査事業報告書》, 143쪽 참조.

12 和田一郎, 《朝鮮土地制度地稅制度調査報告書》, 602쪽.

13 〈京城新聞〉, 786호, 1911. 10. 5, 2면, '地方土地調査委員會' 참조. '지방토지조사위원회'(地方土地調査委員會)는 각 도에 하나씩 설치하되 위원장 1인, 상임위원 5인 등 모두 6인으로 구성하도록 하고, 필요할 때에는 정원 외에 3인 이내의 임시위원을 둘 수 있도록 하였다. 이 중에서 위원장은 도장관이 자동적으로 겸임하도록 하고, 위원 중 3인은 반드시 도참여관(道參與官) 및 부장인 도사무관(道事務官)으로서 충원하도록 했으며, 위원 중 2인만 지방의 명망가 중에서 총독이 임명하도록 하였다. 의사결정은 과반수로 하되

가부동수일 때는 위원장이 결정하도록 하였다. 6인의 위원 중에서 도지사 이하 조선총독부 고관이 4인이요, 민간인은 단 2인인데 그것도 총독이 임명했으니 이것은 처음부터 있으나마나 한 기구였다. 단지 일제 토지조사사업이 신중을 기하고 지방민의 자문을 받은 것처럼 분식하기 위래 설치한 허수아비 기관에 불과했던 것이다.

14 《朝鮮土地調査事業報告書》, 414쪽 참조.

10장

'토지조사사업'의 결과와
한국 농촌사회·경제의 변화

1. 일제의 토지약탈과 조선총독부의 최대지주화

일제 조선총독부는 '토지조사사업'을 통해 종래의 '제1종 유토역둔토'를 조선총독부 소유지(국유지)로 강제편입시 켰다. 뿐만 아니라 한국인들의 사유지인 '무토역둔토'와 '제2종 유토역둔토'·'투탁지'·'혼탈입지'를 조선총독부 소 유지로 강탈했다. 황실 사유재산인 일사칠궁의 궁정토를 역시 조선총독부 소유지로 약탈하였다.

그 결과, 일제의 이른바 '국유지 조사'가 2단계까지 끝 난 1910년 9월 이른바 조선총독부 소유지(국유지) 면적 은 12만 8,800여 정보에 이르렀다. 이 중에서 종래의 관 유지(제1종 유토궁장토 포함)에 해당하는 것이 약 3만

141

2, 100정보였으며, 종래 한국인의 사유농경지를 약탈한 것이 약 9만 6, 700에 정보에 달하였다.

일제는 1912년 '민유농경지'에 대한 토지조사를 실시하는 중에도 토지약탈을 자행하였다. 즉, ① 신고되지 않은 한국 농민의 사유지, ② 종래 농민의 소유지로 간주되어 온 하천변의 공지 · 포락지 · 이생지, ③ 종래 일부 남아 있던 촌락공유지 등을 약탈하여 조선총독부 소유지(국유지)로 강제편입시켰다.

그리하여 일제가 토지조사사업으로 강제 창출해서 약탈한 조선총독부 소유농경지 면적은 '역둔토분필조사'가 끝난 1919년 2월에는 더욱 증가하여 13만 7, 224. 6정보에 달하였다.

일제는 또한 '미간지'에 대해서도 토지약탈을 자행했다. 일제가 조선총독부 소유미간지(국유미간지)로 약탈한 102만 정보의 미간지 중에는 일제가 약탈한 한국인들의 사유미간지 약 42만 5, 000정보가 포함되어 있었다.

뿐만 아니라 일제는 '임야'도 약탈의 대상으로 삼았다. 그들은 한국 농민의 사유림 337만 5, 662정보를 약탈하여 총계 955만 7, 586정보의 '국유림'(조선총독부 소유림)을 강제 창출하였다.

'토지조사사업'의 결과와
한국 농촌사회·경제의 변화

결과적으로 일제 '토지조사사업'에 의하여 전국의 모든 토지 중에서 50. 4%에 해당하는 1, 120만 6, 873정보가 이른바 조선총독부 소유지(국유지)로 약탈당했으며, 전 국토의 49. 6%에 해당하는 1, 103만 9, 650정보만이 민유지로 남게 되었다.

다시 말해, 일제 조선총독부는 토지조사사업을 통해 한국 전 국토의 50. 4%, 즉 절반 이상의 토지를 약탈하여 직접 소유하게 된 것이다. 뿐만 아니라, 농경지에 대해서도 13만 7, 224정보의 소작지와 30만 7, 800여 호의 소작농을 직접 수취하는 국내 최대지주가 되었다.

일제 조선총독부는 토지조사사업을 시작하여 국내 최대지주로 되자마자 한국인 소작농에 대한 착취를 강화했다. 조선총독부는 종래 소작지에 부착되어 형성되었던 소작농의 모든 권리들을 부정하여 소멸시키고, 소작기간도 종래 무기한이던 것을 10년 이내로 한정했다. 또한 소작료율도 종래 관유지 소작료율인 총생산량의 25~33%에서 50% 이상을 대폭 인상하여 수취하였다.[1]

일제 조선총독부의 이른바 조선총독부 소유지(역둔토)에서의 소작료율의 대표적 인상은 물론 일제의 국유지(역둔토) 소작료 수입을 크게 증가시켰다. 일제가 조선총독

(단위: 圓, %)

연도	수입금액	증가액 (1906년 대비)	동 증가율
1906	300,000	-	-
1907	586,804	286,804	95
1908	856,957	556,957	185
1909	1,034,043	734,043	244
1910	1,130,251	830,251	276
1911	1,306,821	1,006,821	335

자료:《역둔토실시조사개요》, 3쪽.

부 소유지(국유지) 약탈정책을 시작한 1906년을 기준으로 하여 조선총독부 소유지(국유지) 소작료 수입의 증가는 〈표 10-1〉에 잘 나타나 있다. 1910년에는 1906년에 비하여 276%, 1911년에는 1906년에 비하여 무려 335% 증가하였으며, 그 후에도 증가추세는 계속되었다.

이러한 '국유지'(조선총독부 소유지)의 소작료 수입은 일제 조선총독부의 식민지 재정수입에서 큰 비중을 차지했다. 예컨대 1911년의 국유지 소작료 수입은 그해 일제 조선총독부 지세총수입에서 약 20%에 해당하는 막대한 것이었다.[2]

일제 토지조사사업에 의해 조선총독부는 일제하 한국에서 최대지주가 되었을 뿐만 아니라, 한국인 소작농을 가장 철저하게 수탈하는 가혹한 식민지 반봉건지주가 된 것이었다.

2. 농민의 경작권의 부정과 소멸

일제의 '토지조사사업'은 여러 가지 측면에서 한국 농촌사회의 변화를 초래했다. 우선 토지조사사업에 의해 한국 소작농민들의 '관습상의 경작권(耕作權)'이 부정되고 소멸되었다.

한국 지주제도를 살펴보면 조선왕조 말기까지는 소작지에서 소작농의 관습상의 경작권이 성립되었다.[3] 즉, ① 소작료 태납, ② 소작지 경작 방기, ③ 지주에 대한 부당한 반항 등 특정한 결격사유가 발생하지 않는 한, 소작농은 자기의 소작지를 매우 장기간 경작할 수 있었으며, 당대는 물론 후손에게까지 대대로 소작을 전승할 수도 있었다.

따라서 조선왕조 말기의 소작계약에서는 소작료율과 소작료 징수방법에 대해서는 구두계약이든 문서계약이든 '계약'이 있었으나, 소작기간에 대해서는 따로 계약이 없었다. 소작농은 특정한 사유가 발생하지 않는 한 자동적으로 소작지를 무기한 소작하는 것이 당연한 것으로 관습화되어 있었기 때문이다.

이것은 일종의 소작농의 관습상의 경작권을 형성하여, 소작농의 지위는 적어도 소작기간과 관련해서는 매우 안정되어 있었다. 또한 소작농이 사망한 경우에도 특정한 사유가 없는 한 그 소작농의 관습상의 경작권은 그 자손에게 당연히 전승되는 것이 관행이었다.[4]

그러나 일제 토지조사사업은 소작농의 이러한 관습상의 경작권을 전면적으로 부정하고 소멸시켰으며, 소작농의 토지에 대한 어떤 권리도 인정하지 않았다. 물론 일제 토지조사사업은 토지개혁적 성격은 조금도 없었으며, 처음부터 지주의 소유권을 재법인해 주는 작업이었다. 그러므로 소작농의 관습상의 경작권이 토지조사사업에서 '신고'되어 소유권으로 법인받을 수는 없는 것이었다.

한편, 일제 토지조사사업이 지주의 토지소유권을 재법인해 주는 지주적 방법의 토지조사에 불과했다 할지라도 소작농의 관습상의 경작권은 얼마든지 인정될 수 있는 것이었으며, 또 인정될 필요가 있는 것이었다. 왜냐하면, 특권으로서의 '지주의 소유권'과 채권으로서의 '소작농의 경작권'은 양립될 수 있었기 때문이다. 오히려 소작농의

'토지조사사업'의 결과와
한국 농촌사회·경제의 변화

경작권이 인정되고 보호되어야 소작농의 생산조건이 안정되어 농업생산력이 증대될 수 있었다.[5]

그럼에도 일제의 토지조사사업은 소작농의 관습상의 경작권을 조금이라도 인정하거나 보호하지 않고 이를 전면적으로 부정하여 소멸시켰다. 그 근본적 이유는 일제의 토지조사사업이 식민지정책의 일환으로, 한국에서의 토지약탈과 토지점유를 목적으로 한 사업이었기 때문이다.

즉, 한국 소작농의 관습상의 경작권을 인정해 주면 일제의 토지약탈 및 토지의 상품화와 그 이전성을 높이는 데 방해가 되므로, 한국 소작농의 관습상의 경작권을 전면 부정하고 소멸시켜 버린 것이었다.

바꾸어 말하면 '토지조사사업'이 한국 농민의 필요에 의해 독립된 정부에 의하여 실시된 정책이 아니라, 일제의 한국에 대한 식민지 수탈정책의 일환으로 실시되었기 때문에 그 목적에 맞추어 일제가 한국 소작농의 관습상의 경작권을 전면적으로 부정하고 소멸시킨 것이었다.

일제의 토지조사사업 종료 후 1930년대 초 일제 측의 조사자료에서도 이러한 사실이 언급된다. 즉, 조선왕조 지주제도에서는 소작기간이 '영년계속'(永年繼續) 되었는데 일제 정책과 동양척식주식회사 등이 소작지에서 이를

소멸시켜 소작기간이 극히 단기로 불안정해졌다고 보고
한 것이다.

경기도 지방 일한병합 이전에 있어서 지주의 토지는 소작인
의 자유에 방임되어 취중(就中) 지주의 간망(懇望)에 의하
여 소작인이 이를 병작했던 상태로서, 소작기간을 정하는 것
은 전혀 없고, 소작은 영년계속하였다.[6]

전라남도 지방 지금으로부터 20~30년 전까지는 지주의 간망
에 의하여 소작인이 이를 경작한 것과 같은 상태에서 자연히
소작기간을 정하는 일은 전혀 없었고, 소작은 영년계속되었
다. 그러나 그 후 역둔토 소작계약과 동척 기타 영농회사 등
에서 기간을 정한 증서계약을 실시하자, 이를 모방하여 많은
소작인 역시 소작권 이동의 많음에 더하여 불안을 느껴 기간
설정을 요구하는 것이 점증의 경향이 있다.[7]

경상남도 지방 지금으로부터 25년 전까지는 지주의 간망에
의하여 소작인이 이를 경작한 상태에서 소작기간을 정하는
것은 전혀 없었고, 소작은 당연히 영년계속되었다. 그러나
역둔토 소작지의 소작기간을 설정하자 이를 모방하여 기간을
정하는 것이 있게 되고, 그 후 동양척식주식회사 및 내지인
(일본인 — 필자) 경영농장 등이 소작기간을 정하였다.[8]

충청남도 지방 지금으로부터 20~30년 전까지는 지주의 간망에 의하여 소작인이 이를 경작한 것과 같은 상태로서, 소작의 기간을 정함과 같은 것은 절무(絶無)하여 소작은 영년계속되었다. 그러나 그 후 역둔토 소작지에서 소작의 기간을 설정하자 이를 모방하여 기간을 정하는 것이 점차 많아지게 되었다. 특히 근시 인구증가에 수반하여 경지에 부족이 오자 소작권의 쟁탈·이동이 많아짐에 따라 소작인 쪽에서는 소작기간의 설정을 요구하는 일이 현저히 증가하는 경향이 있다. **9**

평안남도 지방 지금부터 약 20~30년 전까지는 소작권의 이동은 적고 거의 영년계속하는 것이 많으므로 소작기간을 정하는 것이 전혀 없었다. 그러나 대정(大正) 2~3년(1913~1914년) 경부터 역둔토 소작 및 공유지 소작에 소작기간을 설정한 것을 효시로 하여 그다음으로 토지회사 등에서 기간을 설정하였으며, 점차 그 수가 증가함에 따라서 일반지주도 이를 모방하여 설정하는 것이 있다 할지라도 그 수는 극히 적다. **10**

강원도 지방 지금으로부터 10~50년 전까지는 지주의 간망에 의하여 소작인이 이를 경작하는 것과 같은 상태로서 소작기간을 정하는 것이 없이 소작은 영년계속하였다. 그러나 그 후 역둔토·면유지·향교·사유지(寺有地) 등의 소작지에 소작기간이 설정되자 이를 모방해 기간을 정하는 것이 생겼다. **11**

위에서 든 자료 이외에 다른 지방의 소작관행 조사보고서에서도 모두 조선왕조 말기까지의 소작농의 관습상의 경작권 존재와 일제강점기의 조선총독부 소유지(국유지)에서 비롯된 경작권의 부정과 소멸을 보고하였다.

일제 토지조사사업이 한국 소작농의 관습상의 경작권을 부정하고 소멸시킨 결과, 한국 소작농의 사회경제적 지위는 갑자기 더욱 불안정해졌다. 당시 한국 농업인구의 토지에 대한 비율은 변하지 않았음에도 불구하고, 토지조사사업에 의한 한국 소작농의 관습상의 경작권 상실은 과거 무기한이었던 소작기간을 기본적으로 1년 단위(또는 극히 단기)로 만들어 소작농의 지위를 극도로 불안정하게 만들었던 것이다.

이 때문에 토지수요자로서의 소작농의 소작지 획득경쟁이 갑자기 격화됐으며, 이것은 소작조건을 악화시키는 중요한 요인으로 작용하게 되었다.

3. 농민의 도지권의 부정과 소멸

둘째, 일제의 '토지조사사업'에 의하여 한국 소작농의 소유권의 일종인 '도지권'(賭地權)이 부정되고 소멸되었다.

조선왕조 말기에는 전국 각지에 걸쳐 '원도지'(原賭地), '중도지'(中賭地), '원도지'(元賭地), '전도지'(轉賭地), '굴도지'·'도지'(賭地), '영세'(永稅), '병경'(並耕), '화리부답'(禾利付畓) 등의 이름으로 소작농의 소작지에 대한 도지권이 일종의 소작농의 소유권으로서 성장하고 있었다.[12]

이 소작농의 '도지권'은 지주에게뿐만 아니라 제3자에게도 대항하는 권리로서 확립되어 있었다. 또한 소작농의 중요한 재산권으로서 자유롭게 매매되었고, 그 가격은 일반적으로 토지 총가격의 3분의 1, 지주의 소유권 가격의 2분의 1의 수준에 달했다.[13]

그에 따라 제3자가 도지권이 정립된 토지를 구입하려 할 때에는 그 토지가격의 3분의 2는 지주에게 지불하고 나머지 3분의 1은 소작농에게 지불하지 않으면 안 되었다.[14] 또한 지주가 소작농의 도지권을 소멸시키고자 할 때에는 토지 총가격의 3분의 1을 소작농에게 지불하여 그 도지권을 구입하지 않으면 안 되었다. 소작농의 도지권은 채권(債權)이 아니라 이미 물권(物權)으로 정립되어 있었던 것이다.

이처럼 도지권은 소작농의 소유권으로 성장했기 때문에 심지어 소작료를 태납(怠納)하거나 소작지의 경작을 방기(放棄)하는 경우에도 소멸되지 않았고 소작농의 소유권·재산권으로서 여전히 존속하였다.[15] 일본 측 자료에서도 감추지 못하고 보고한 바와 같이, "농민은 '도지권'을 전적으로 토지소유권과 같이 사료"[16]하고 있었다.

조선왕조 말기에 이루어진 소작농 도지권의 성장은 소작농이 스스로의 힘으로 자신의 소작지에 '농민적 토지소유'를 확립시키는 과정이었다. 즉, 토지제도의 농업부문에서 소작농이 스스로의 힘으로 '근대'를 형성시킴으로써 자주적 역사발전의 원동력이 되었음을 나타내는 것이라고 볼 수 있다.

그러므로 일제의 토지조사사업이 농민적 방법에 의하여 조금이라도 토지개혁의 성격을 갖고 전개되었다면 도지권은 당연히 사유권으로 법인받아 도지권이 성립된 토지에서라도 농민적 토지소유가 성립될 수 있었을 것이다.

그러나 토지조사사업이 일제의 식민지 수탈정책의 노선에 따라 지주적 방법의 신고주의에 의하여 토지사유권

'토지조사사업'의 결과와
한국 농촌사회·경제의 변화

의 재법인으로 끝나는 경우에는 소작농의 도지권은 아직 지주의 소유권을 능가하지 못하고 있었으므로 도지권이 '신고'되어 유일한 토지사유권으로 법인받을 수는 없는 것이었다.

물론 이 경우에도 소작농의 도지권에 대해서는 응분의 보상을 하는 것이 당연한 일이었으며, 그 보상액은 도지권의 매매가격인 토지 총가격의 3분의 1, 지주의 소유권 가격의 2분의 1에 달해야 하는 것이었다.

그런데 일제의 토지조사사업은 한국 소작농의 도지권에 대하여 전혀 보상도 하지 않고 이를 소멸시켜 버렸다. 도지권을 소유한 한국 소작농이 일제의 이 도지권 소멸정책에 완강히 반항하자 일제는 도지권을 '영소작'으로 인정하기로 결정함으로써, 도지권을 소유한 소작농에게는 20~50년에 걸친 소작농을 인정하도록 하였다. [17]

그러나 조선왕조 말기의 종래의 '도지권'과 일제가 설정한 '영소작'은 매우 다른 것이었다. 종래 도지권이 가졌던 소작료 절하능력이나 지주와 제3자에게 자유롭게 대항할 수 있던 소유권적 성격은 일제의 영소작에서는 완전히 소멸되었다. 도지권을 다른 사람에게 전대(轉貸)하는 경우에 발생하는 소작료 징수의 권리도 일제의 영소작에서는 부정되었다. 그 영소작권의 매매나 양도도 지주의 제약을 받도록 규정되었다.

뿐만 아니라 소작기간만을 두고 볼지라도 도지권 소작에서는 소작농이 도지권을 판매하거나 스스로 그것을 포기하지 않는 한 무기한 영구히 소작을 지속할 수 있었다. 이에 반해, 일제가 설정한 영소작은 소작기간을 20~50년에 한정하여 그 기간이 경과하면 자동적으로 영소작권이 소멸되도록 규정하였다.

또한 특기하지 않으면 안 될 것은 도지권은 그것이 소유권으로 성장한 것이었기 때문에 소작농이 소작료를 태납하는 경우에도 지주가 이를 이유로 그것을 소멸시키거나 소작농의 권리를 소멸시킬 수 없었다. 이에 비해, 일제가 설정한 영소작에서는 소작농이 소작료를 2년간 태납하는 경우에는 지주가 영소작권을 부정하고 이를 소멸시킬 수 있도록 규정하였다.

요컨대 일제가 설정한 '영소작'에서는 한국 소작농의 '도지권'의 소유권 성격을 비롯한 거의 모든 권리가 부정되고, 오직 그 소작기간을 20~50년의 장기간 보장하는 권리로 변질된 것이었다.[18]

그러므로 도지권을 소유한 한국 소작농들은 일제 조선

총독부의 이러한 식민지 농민약탈정책에 격렬히 반대하였다. 즉, ① 도지권 확인 청구소송, ② 소작료 태납운동, ③ 도지조합 설립에 의한 저항, ④ 결의서 및 진정서 운동 등을 전개하였다. 그러면서 도지권을 사실 그대로 정당하게 인정하거나 그에 따른 응분의 보상을 해줄 것을 요구하였다. [19]

그러나 일제는 법률적으로 그리고 무력으로 이를 탄압하였고, 지주 측은 각종 방법으로 도지권 배제공작을 전개했다. 결국 1923년경까지 치열했던 도지권 확인운동은 1930년대에 도지권을 소유한 소작농들이 패소하고 탄압당하는 것으로 끝나고 말았다.

요컨대 일제는 '토지조사사업'을 통하여 한국 소작농의 '경작권'과 '도지권'을 부정하고 소멸시킴으로써, 한국 소작농이 장기간에 걸쳐 소작지에 부착시켜서 성장시켜온 소작농의 소작지에 대한 모든 권리를 배제하고 완전히 무권리한 소작농으로 만든 한편, 모든 권리를 지주에게만 귀일시키어 지주의 권익만을 옹호해 주었다.

4. 농민의 개간권의 부정과 소멸

셋째, 일제의 '토지조사사업'에 의하여 한국 농민의 공유지(무주한광지) '개간권'이 부정되고 소멸되었다.

이미 앞에서 미간지 문제에 대해 밝힌 바와 같이, 조선왕조 후기의 관습과 법률은 공유지(무주한광지)의 개간은 개간하는 자의 사유로 인정하여 입안(立案)해 주었다. 그에 따라 한국 농민들은 자유로이 무주한광지에 자기의 소유지를 만들 수 있었다.[20]

이것은 조선왕조 시대의 공유지(무주한광지)는 인민의 공유지였고, 한국 농민은 공유지를 자유롭게 개간해서 여기에 자기의 사유지를 만들 수 있는 권리인 '개간권'을 가졌음을 말하는 것이었다.[21]

조선왕조 말기까지는 공유지(무주한광지)는 현대의 용어로 표현하면 '미간지'의 형태로 광대하게 존재했다. 즉, 무주한광지·미간지는 한국 농민들이 약간의 자본과 노동을 투입하면 자기 사유지를 만들 수 있는 '잠재적 사유지'의 성격을 가진 것이었다고 볼 수 있다.

이러한 조건 위에서 정립된 한국 농민의 공유지 '개간권'은 '외연적'으로 농민적 토지소유를 설정하여 확대시켜 나갈 수 있는 매우 중요한 농민의 권리였다.

조선왕조 후기에는 한편으로 사적 지주제도가 급속하게 진전됨에 따라 지주에게 토지가 집중되고 자작농이 소작농으로 몰락하는 경우가 이어졌다. 하지만 다른 한편으로는 소작지에서 농민적 토지소유를 정립하려는 '도지권'과 같은 내포적 운동이 대두되었다. 동시에 농민의 '개간권'이 정립되어 외연적으로 공유지(무주한광지)에 '농민적 토지소유'를 설정시켜 나갈 수 있는 농민의 권리가 정립·발전되어 이를 보전해가고 있었다.

그러나 일제는 1906년 궁내부령(宮內府令)을 발포하여 황무지 개간을 국민에게 인허하지 못하도록 긴급조치 하였다. 그다음, 1907년에는 '국유미간지이용법'을 발포하여 민유 이외의 종래 인민의 공유지인 원야·황무지·초생지·소택지 및 간사지는 전부 '국유미간지'로 간주했다.

그에 따라 '국유미간지' 개간은 반드시 대금을 내고 사전에 정부 허가를 받아야 했다. 또한 정부 허가를 받아 개간하는 경우에도 농민이 개간지를 사유지로 할 수 없고 그 개간지의 소작농이 되도록 규정하였다. 즉, 한국 농민의 공유지(무주한광지)를 약탈하면서 그 '개간권'을 완전히 부정하고 소멸시킨 것이다.

일제는 1908년의 '삼림법'과 1912년의 토지조사사업 실시 도중의 '삼림산야급미간지 국유사유구분표준'에서는 민유미간지에 대한 토지약탈을 더욱 강화하였다. 방대한 면적의 한국인들의 민유미간지를 약탈하였으며, 심지어 화전까지도 강탈하여 조선총독부 소유지(국유지)로 강제 편입시켰다. 또한 한국 농민의 개간권 부정과 박탈을 재확인하고, 농민이 공유지(무주한광지)를 개간하는 경우에 대한 벌칙을 대폭 강화하였다.

뿐만 아니라 일제는 토지조사사업 과정에서 '국유미간지이용법'이 공포되기 이전에 농민들이 공유지(무주한광지)에서 개간한 토지에 대해서도 농민들의 소유권을 인정해 주지 않았다. 이로써 일제는 막대한 신개간지를 약탈하였고, 2,418필에 달하는 신개간지의 토지소유권분쟁이 일어나게 되었다.[22]

결국 일제의 '토지조사사업'에 의하여 한국 농민들은 무주한광지를 자유롭게 개간하여 그 개간지를 자기의 사유지로 정립할 수 있는 개간권을 박탈당했을 뿐 아니라, 그 이전에 이미 개간한 토지의 소유권마저도 잃어버리게 된 것이었다.

5. 농민의 입회권의 부정과 소멸

넷째, 일제의 '토지조사사업'에 의하여 한국 농민들의 '입회권'이 부정되고 소멸되었다.

조선왕조 말기까지 한국 농민은 공유지(무주한광지·무주공산)에서 자유롭게 가축방목, 연료채취, 비료채취, 초근채취, 토석채취, 수렵·어획 등을 할 권리인 '입회권'을 갖고 있었다.[23]

한국 역사에서 농민 입회권의 법령화는 이미 《고려사》(高麗史)〈식화지〉(食貨志)에서 볼 수 있는, '과전법'(科田法)을 실시할 때 규정에서 이루어졌다. 과전법은 입회권과 관련하여 다음과 같이 규정하였다.

경기의 공전·사전의 사표(四標) 내에 황한지(荒閒地)가 있는 경우에는 민인의 초·목·어·렵(樵·牧·漁·獵)을 허락하며, 이것을 금하는 자는 죄로 다스린다.[24]

이러한 농민의 입회권은 조선왕조 전 기간에 걸쳐 잘 준수되었고 실행되었음은 조선왕조 말기 일제 측 조사 자료에서도 명확히 밝혀졌다.[25] 특히 경상남도·경상북도·충청북도 지방에서의 사례조사는 조선왕조 말기에 입회권이 매우 광범위하게 잘 발전했음을 증명해 준다.[26] 당시 농민의 입회권은 한국 농민의 사회·경제생활에서 매우 중요한 권리였다.

그러나 일제는 이른바 '국유지 조사'를 실시하면서 한국 농민의 입회권을 소멸시켰다.[27] 일제에 의한 한국 농민의 입회권 부정은 1908년 1월 '삼림법'과 1908년 8월의 '국유토석채취규칙'으로부터 시작되었다.

'삼림법'은 1908년 1월 21일부터 1911년 1월 20일까지 3개년 이내에 삼림과 산야의 소유자가 그 규정된 증빙서류와 약도를 첨부해 농상공부에 신고하되 기간 내에 신고하지 않은 산림·산야는 모두 '국유'로 간주한다고 규정하여 방대한 면적의 한국인민의 공유지(무주공산·무주한광지·미신고사유림)를 조선총독부 소유지(국유지)로 약탈하여 강제편입시켰다. 동시에 '국유삼림산야'에 대해 ① 분묘입장(墳墓入葬) 금지, ② 화전설치와 목탄제조 금지, ③ 주부산물 채취금지 등을 규정하였다.[28]

일제의 이러한 정책으로 인해 농민들은 공유지를 약탈당하고, 종래 공유지에서 자유롭게 가졌던 입회권을 상실하게 되었다.

뿐만 아니라 일제는 이에 그치지 않고, 1908년 8월 '국유토석채취규칙'을 제정·공포하여 조선총독부 소유지(이른바 '국유지화'한 공유지)로 약탈한 무주공산에서 농민들의 ① 보석류, ② 운모(雲母), ③ 인광(燐礦), ④ 석재, ⑤ 니탄(泥炭), ⑥ 점토(粘土) 등 토석채취를 금지하였다.[29] 일제의 이 정책은 한국 농민들의 공유지와 입회권을 완전히 박탈하는 것이었다.

일제는 토지조사사업의 일환으로 그에 보조를 맞추어 1911년 6월에 '삼림법'을 폐지하고 그 대신 '삼림령'을 제정·공포했다. 이 법령에서는 미간지와 임야에 대한 식민지약탈정책을 강화함과 동시에 '입회권'에 대해서도 다음과 같이 제한하였다.

첫째, 종래 사유임야이면서 일제가 요구한 관문기의 증빙서류가 부족하여 '국유림'으로 약탈당한 임야에서의 원소유주의 저항을 무마하기 위하여 '지원주민'(地元住民)의 입회의 관습을 인정하되 그 입회의 구역은 조선총독이 지정하고 변경할 수 있도록 하였다.

둘째, 사유림으로 인정받은 임야일지라도 조선총독이 그것을 '부분림'에 편입시킨 경우에는 소유주의 입회권을 부정했다.

셋째, 종래 무주공산이던 조선총독부 소유림(이른바 '국유림')에의 한국 농민의 입회권을 더욱 철저히 부정하고, 그 위반에 대한 벌칙은 매우 가혹하게 강화하여 징역과 중벌금을 부과하도록 하였다. [30]

요컨대 일제의 이른바 '국유지 조사'에 의하여 한국 농민들의 공유지와 그 '입회권'은 아무런 보상 없이 약탈당하여 가혹하게 부정되고 소멸되었다.

6. 지주의 권리 강화와 일제와의 응착

일제의 '토지조사사업'에 의하여 한국 농민들은 이상과 같이 다수의 중요한 권리들을 박탈당한 반면에, 지주의 사유권은 일물일주의 원칙에 의하여 배타적 사유권으로 재법인되었다. 즉, 일제 토지조사사업은 지주에게만 이익을 주고 지주의 권익만을 엄호함으로써 일본 제국주의와 한국인 지주 사이의 구조적 응착을 가져왔다.

조선왕조 말기까지 한국 농민의 자주적 성장은 지주의 사유권을 확립시킴과 동시에 다른 한편으로 그것을 제약하고 파고들어가는 농민의 권리도 성립시켰다. 이것은 한국 농민들의 장기에 걸친 사회경제적 성장의 결과로 정립·발전해가던 권리들이었다. 그러므로 토지조사사업이 한국사회의 필요에 의해 자주독립국가 정부에 의해 농민의 입장과 권익을 전적으로 무시하지 않고 시행되었다면 당연히 법인받았을 권리들이었다.

그러나 토지조사사업은 일제의 필요에 의해 외부로부터 강요되면서 지주적 방법에 의해 농민의 입장과 권익을 전적으로 무시하면서 자행되었다. 토지에 부착되어 형성된 농민의 권리들을 완전히 부정하고, 지주의 사유권만을 유일무이한 권리로 재법인하여 등기제도를 도입해 등기시켜 주었다. 즉, 지주의 소유권을 제약하던 농민의 권리들은 그들의 식민지 통치권력과 무력으로 배제했다.

일제의 '토지조사사업'이 지주계급의 이익만 철저히 엄호한 결과는 그 후 일제의 반봉건적 지주제도의 엄호와 함께 일본 제국주의와 한국인 지주의 구조적 응착을 가져왔다고 볼 수 있다. [31]

〈표 10-2〉 토지조사사업에 의한 면적증가

(단위: 정보, %)

도 별	토지조사 이전 (1910년 12월 말)			토지조사 결과 (1918년 7월 말)		
	답	전	계	답	전	계
경기도	115,576.0	111,973.8	227,549.8	198,637	187,165	385,802,
충청북도	30,250.6	32,145.0	2,395.6	70,303	89,990	160,294
충청남도	80,006.1	30,048.3	110,054.4	161,869	82,861	244,730
전라북도	76,159.3	20,694.3	96,853.6	167,095	68,414	235,59
전라남도	122,425.9	120,917.8	248,343.7	202,443	206,615	409,059
경상북도	113,747.0	76,934.0	190,681.0	189,480	203,645	393,125
경상남도	82,903.2	48,518.6	131,421.8	162,499	118,993	281,442
황해도	71,731.4	173,238.3	244,969.7	132,246	410,971	543,21
평안남도	35,474.4	216,343.4	251,817.8	6,102	331,331	394,433
평안북도	47,384.6	279,001.4	326,386.0	72,222	324,671	396,893
강원도	33,034.3	145,418.5	178,452.8	78,059	250,659	,328,718
함경남도	24,275.3	171,506.4	195,781.7	40,763	315,516	356,279
함경북도	8,020.2	132,113.9	140,134.1	7,276	200,679	207,955
전 국	840,988.3	1,553,853.7	2,399,842.0	1,545,594	2,791,510	4,337,104

도 별	증 가			증 가		
	답	전	계	답	전	계
경기도	83,061.0	75,191.2	158,252.2	71.87	67.15	69.55
충청북도	59,739.4	57,845.0	117,584.4	197.48	179.95	188.45
충청남도	81,862.9	52,812.7	134,675.6	102.32	175.76	122.37
전라북도	90,935.7	47,720.0	138,655.7	119.40	230.59	143.16
전라남도	80,071.0	85,697.2	165,714.3	65.36	70.87	68.10
경상북도	75,733.0	126,711.0	202,444.0	66.58	164.70	106.17
경상남도	79,595.8	70,474.4	150,070.2	96.01	145.25	79.95
황해도	60,513.6	237,732.7	298,246.3	84.36	137.23	121.75
평안남도	27,627.6	114,987.6	142,615.2	77.88	53.15	56.63
평안북도	24,837.4	45,669.6	70,507.0	52.42	16.37	21.60
강원도	45,024.7	105,240.5	150,265.2	136.30	72.37	84.20
함경남도	16,487.7	144,009.6	160,497.3	67.92	83.97	81.98
함경북도	-744.2	68,565.1	67,820.9	-9.28	51.90	48.40
전 국	704,605.7	1,232,656.3	1,937,307.0	83.79	79.07	80.73

주: 1) 토지조사 이전 1910년 말 면적은 《조선총독부통계연보》, 1910, 171쪽 참조.
　　2) 토지조사 결과인 1918년 7월 말 면적은 《조선토지조사사업보고서》, 672쪽 참조.

'토지조사사업'의 결과와
한국 농촌사회·경제의 변화

7. 일제 조선총독부의 지세수입 증가

일제의 '토지조사사업'에 의하여 일제 조선총독부는 지세수입의 원천을 크게 확대해 확보하고 지세수입을 대폭 증가시켜 식민지조세수탈을 강화하였다.

일제가 토지조사사업을 통해 조사한 농경지 등의 면적은 답(논)이 154만 5,594정보, 전(밭)이 279만 1,510정보, 대가 12만 9,964정보, 기타가 40만 4,293정보, 합계 487만 1,071정보에 달하였다.[32] 이것을 1910년 말 농경지 면적과 비교하면, 답에서 83.79%, 전에서 79.07%, 전체 농경지 조사토지에서 80.73%가 증가한 것이었다.

일제의 토지조사사업으로 농경지 면적이 증가한 이유는 주로 '은결'과 신개간지를 조사해 과세대상 면적에 포함시켰기 때문이다.

토지조사사업에 의한 이러한 과세대상지로서의 농경지 면적 증가를 원래 토지조사계획의 목표와 비교해 보면 〈표 10-3〉과 같다. 조사 이전의 면적에 비해 161.7%에 해당하는 300만 9,571정보가 증가했고, 제1차 계획의 목표에 비해 약 96.5%에 해당하는 239만 1,571정보가 증가하였다.

<표 10-3> 토지조사사업에 의한 면적증가의 목표와 결과

(단위: 정보, %)

구 분	면 적	제1차 계획에 대한 증가율	조사 전에 대한 증가율
조사 전 면적 (1909년 12월)	1,861,500		-
제1차 계획 (1910년 1월)	2,479,500	-	33.2
수정계획 (1913년 4월)	4,408,000	77.8	136.8
토지조사 결과 (1918년 7월)	4,871,071	96.5	161.7

이와 같은 조사된 농경지 면적의 약 2배에 달하는 증가는 바로 과세대상지 증가를 의미하는 것이었다. 그렇기 때문에 일제는 조선총독부 소유지(국유지)의 소작료 수입 외에도 이 비율만큼의 지세수입 증가를 얻을 수 있게 되었다. 또한 이것은 한국 농민에 대해 그만큼의 지세수탈을 강화했다는 의미이기도 했다.

즉, 일제 '토지조사사업'은 한국에서 그들의 지세수입 증가와 원천을 확보하고, 그 후 그들의 한국 농민에 대한 조세수탈 강화를 위한 기반을 마련했다고 볼 수 있다.

8. 반봉건적 기생지주제도의 엄호

일제의 '토지조사사업'에 의하여 반봉건적(半封建的) 기생(寄生)지주제도가 엄호되고 그 소작료율이 더욱 앙등되었다.

　일제의 이른바 토지조사사업은 토지개혁적 또는 토지변혁적 성격은 조금도 없는 것이었다. 도리어 조선왕조말기의 반봉건적 기생지주제도를 더욱 엄호하였다. 그 이유는 일제 식민지정책의 목표 중 하나가 한국을 일본의 식량·원료의 공급지로 개편하는 것이었기 때문이다.

　즉, 일본 공업발전에 소요되는 막대한 식량을 가장 효율적으로 최대한 수집해서 일본으로 공급하기 위해서는 한국인의 식량 소비수준을 가능한 한 최저수준으로 절하시키고 총생산물의 50% 이상을 현물소작료로 징수하여 최대한의 잉여생산물을 착출해서 일본으로 가져갈 수 있는 반봉건적 기생지주제도가 매우 적합한 제도라고 일제가 판단했기 때문이다. [33]

　또한 일제 조선총독부를 비롯하여 다수의 일본자본과 일본 토지회사 및 일본인들이 대지주가 되었으므로, 그들의 고율소작료 수취와 이익극대화를 위해서도 반봉건적 기생지주제도가 적극적으로 엄호되었다.

실제로 일제 토지조사사업에 의해 반봉건적 지주제도에서의 소작료율은 조선왕조 말기보다 더욱 증가하였다. 조선왕조 말기에는 역둔토의 소작료율은 총생산량의 25~33%였는데, 토지조사사업 도중에 동일 토지에서 소작료율은 총생산량의 50%로 일제에 의해 크게 인상되었다.

일반 소작지에서도 일제 토지조사사업의 결과 소작농의 불안정성이 증가하여 소작지 수요자인 소작농의 소작지 획득경쟁이 격화되었다. 또 한편으로는 소작지 공급자인 지주 측이 수리비와 선대자본(先貸資本)의 이자를 소작료에 포함시키는 움직임이 진행되었다. 이로써 일제의 토지조사사업 후에 소작료율은 모든 종류의 소작지에서 총생산량의 평균 55~60%로 증가하였다. [34]

요컨대 일제의 '토지조사사업'은 반봉건적 기생지주제도를 적극 엄호하여 조선왕조 말기에 비해 일제하에서의 소작료율의 현저한 상승을 가져오는 데 결정적인 계기를 만들었다.

9. 농민층 분화의 격화와 소작농 몰락의 심화

일제의 '토지조사사업'에 의하여 한국 농촌사회에서의 농민층 분화가 한층 더 격화되었고,[35] 소작농이 더욱 급격히 몰락하여 유이민화(流移民化) 되었으며 임금노동자로 전화하게 되었다.[36]

또한 일제의 토지조사사업 결과 일본자본의 토지점유에 따른 토지매매의 성행, 식민지 상업자본주의의 지배, 지세 부담의 증가, 상업·고리대자본의 지배 등으로 자작농층이 소작농으로 몰락했다. 여기에 소작료율 인상과 소작경쟁의 심화가 더하여 자소작농층도 소작농으로 몰락함으로써 농촌사회의 농민층 분화는 한층 더 격화되었다.

〈표 10-4〉는 일제 토지조사사업 실시기간에만 한정해 농촌사회의 농민층 분화를 살펴본 것이다. 1914년부터 토지조사사업이 종료된 1918년까지의 4년간의 짧은 기간에도 농가총호수에 대해 지주층은 1.8%에서 3.1%로 증가했다. 반면에, 자작농층은 22.0%에서 19.7%로 감소했고, 자소작농층도 41.1%에서 39.4%로 감소하여 몰락했다. 그에 따라 순소작농층은 35.1%에서 37.8%로 증가하였다.

〈표 10-4〉 토지조사사업 기간 중의 토지집중과 농민층 분화

(단위: 戶, %)

연도	지주 갑	지주 을	자작농	자소작농	소작농	백분율 지주	백분율 자작농	백분율 자소작농	백분율 소작농
1914	46,754		569,517	1,062,705	911,261	1.8	22.0	41.1	35.1
1915	39,405		570,380	1,073,833	945,398	1.5	21.7	40.8	36.0
1916	16,079	50,312	530,195	1,073,360	971,208	2.5	20.1	40.6	36.8
1917	15,485	57,713	517,996	1,061,438	989,362	2.8	19.6	40.2	37.4
1918	15,731	65,810	523,332	1,043,836	1,003,775	3.1	19.7	39.4	37.8

자료: 조선총독부, 《농업통계표》.

이것은 일제의 토지조사사업 실시기간 중에도, 일제자본의 토지점탈에 의한 지주화로 지주층의 증가를 한편으로 하고, 자작농층 및 자소작농층의 순소작농층으로의 몰락과 그에 따른 순소작농층의 증대를 다른 한편으로 한 농민층의 일종의 양극분해 현상이 일어났음을 나타낸다. 즉, 일제 토지조사사업에 의해 농민층 분화가 한층 더 심화되었음을 뚜렷이 나타내는 것이라고 볼 수 있다.

뿐만 아니라 일제의 토지조사사업에 의하여 소작농의 소작지에 대한 모든 권리들이 소멸되었고, 일제자본의 토지점탈에 따른 소작인의 이동 격화와 소작료의 인상 등의 요인으로 말미암아 다수의 소작농은 소작지마저 잃고 더욱 몰락해 농촌의 농업노동자가 되거나 농촌에서 분리

되었다. 그들은 유이민이 되어 만주나 일본 등지로 유랑하거나 도시로 나아가 임금노동자나 실업자군이 되었다. 이러한 농민의 유이민화와 임금노동자화 현상이 일제의 '토지조사사업'으로 더욱 격화되었다.

10. 일본자본의 토지점탈 격화

일제의 '토지조사사업'에 의하여 한국인 농경지와 임야에 대한 일본자본의 토지점유가 격화되었다.

일제 토지조사사업의 주요목표 중 하나가 일본자본의 토지약탈을 지원하기 위한 편의한 제도를 마련하는 것이었다. 그에 따라 지주의 사유권 강화, 등기제도 도입, 조선총독부 소유지(국유지)의 일본자본과 일본이민에게의 불하, 소작농의 소작지에 부착된 권리들의 박탈, 일본이민의 토지구입에 대한 대부 등이 이루어졌다. 이처럼 여러 가지 편의한 제도를 설정한 토지조사사업을 계기로 일본자본의 한국 토지점유가 급속히 증가하였다.

이러한 일제의 토지조사사업을 전기로 한 한국에서의 일본자본의 토지점유 문제는 독립논문이 필요한 방대한

연구주제이므로, 여기서는 그 사실만 지적하고 그 자세
한 내용은 다른 기회에 별도로 고찰하겠다.

주

1 〈財務彙報〉, 19호, "臨時國有地調査에 關한 決定事項", 제21,
  26쪽 참조.
2 《小作農民ニ關スル調査》, 2쪽의 31~32 참조.
3 愼鏞廈, "朝鮮王朝末期의 地主制度와 小作農民層", 1977(《韓
  國近代社會史硏究》, 일지사, 1987 수록) 참조.
4 朝鮮總督府, 《朝鮮ノ小作慣行》(下), 參考編, "從來ノ朝鮮ノ
  小作慣行調査資料", 78~79쪽 참조.
5 이 사실은 일제가 '토지조사사업' 때는 한국에서의 일본자본의 토
  지점유의 편의를 위하여 농민의 '관습상의 경작권'을 완전히 부정
  했다가, 그들의 이른바 '산미증산계획' 전후에 농업생산력 증대
  가 필요하자 1934년 '조선농지령'을 제정·공포하여 일정기간 소
  작농의 소작권을 보장해 주려고 한 것에서도 확인할 수 있다.
6 《京畿道小作慣行調査書》, 1930, 104~105쪽.
7 《全羅南道小作慣行調査書》, 1930, 56쪽.
8 《慶尙南道小作慣行調査書》, 1930, 123쪽.
9 《忠淸南道小作慣行調査書》, 1930, 60~61쪽.
10 《平安南道小作慣行調査書》, 1930, 43쪽.
11 《江原道小作慣行調査書》, 1930, 33~34쪽.
12 愼鏞廈, "李朝末期의 '賭地權'과 日帝下의 '永小作'의 關係: 小作

'토지조사사업'의 결과와
172 한국 농촌사회·경제의 변화

農 賭地權의 所有權으로의 成長과 沒落에 대하여", 〈經濟論集〉, 6권 1호, 1967(《韓國近代社會史研究》, 일지사, 1987 수록) 참조.

13 朝鮮總督府, 《鴨綠江及大同江沿岸ニ於ケル賭地慣行》, 81쪽 참조.

14 朝鮮總督府, 《朝鮮ノ小作慣行》(上), 742쪽 참조.

15 《朝鮮ノ小作慣行》(下), 參考編, "從來ノ朝鮮ノ小作慣行調查資料", 384쪽 참조.

16 朝鮮總督府中樞院, 《小作ニ關スル慣習調查書》, 95쪽.

17 《朝鮮ノ小作慣行》(下), 135~142쪽 참조.

18 愼鏞廈, 《韓國近代社會史研究》, 일지사, 1987, 249~250쪽 참조.

19 《朝鮮ノ小作慣行》(上), 764~765쪽 및 789~794쪽 참조.

20 《續大典》, 戶典 諸田 田宅條; 《朝鮮王朝法典集》, 3권, 경인문화사판, 143쪽; 朝鮮總督府, 《慣習調查報告書》, 1913, 85~86쪽 참조.

21 愼鏞廈, "日帝下의 '朝鮮土地調查事業'과 農民의 耕作權·開墾權·賭地權·入會權", 《朝鮮土地調查事業研究》, 한국연구원, 1979, 265~272쪽 참조.

22 《朝鮮土地調查事業報告書》, 160쪽 참조.

23 愼鏞廈, 《朝鮮土地調查事業研究》, 1979, 277~279쪽 및 291~297쪽 참조.

24 《高麗史》, 권 78, '食貨志', 1, 田制, 祿科田條, 아세아문화사판, 중권, 75쪽.

25 《慣習調查報告書》, 93쪽 참조.

26 《慣習調查報告書》, 94쪽 및 100~117쪽 참조.

27 朴文圭, 전게논문 참조.

28 《承政院日記》, 隆熙 2년 1월 21일조; 《日省錄》, 융희 2년 1월 21일조; 《純宗實錄》, 융희 2년 1월 21일조; 《奏議》, 128책, 융희 2년 1월 21일조; 〈官報〉, 3979호, 융희 2년 1월 24일자, '法律 제1호 森林法' 참조.

29 《承政院日記》, 융희 2년 8월 11일조; 《純宗實錄》, 융희 2년 8월 11일조; 《奏議》, 139책, 융희 2년 8월 11일조 및 〈官報〉, 4151호, 융희 2년 8월 13일자, '勅令 58호 國有土石採取規則' 참조.

30 朝鮮總督府, 《朝鮮法令輯覽》, 10집, 9~11쪽 참조.

31 일제가 '토지조사사업'을 통하여 토지에 부착되어 형성된 농민의 모든 권리들을 부정하여 소멸시키고 지주의 권익만을 엄호한 가장 중요한 이유는 주로 다음과 같은 것이라고 볼 수 있다. 첫째, 일제 조선총독부와 일본자본 자체가 토지점탈을 통하여 지주화되었고 또 될 것이기 때문에 자기 이익을 위한 것이다. 둘째, 앞으로 일본 자본의 토지점탈을 위해서는 모든 토지에 대한 권리를 지주만이 갖게 함이 편의했기 때문이다. 셋째, 일제가 한국에 대한 식민지 통치의 계급적 지반을 한국인 지주계층에게서 구했기 때문이었다.

32 《朝鮮土地調査事業報告書》, 672쪽 참조.

33 愼鏞廈, "日帝下의 地主制度와 農民階層의 分化", 《韓國近代 社會史硏究》, 일지사, 1987, 347~348쪽 참조.

34 《京畿道小作慣行調査書》, 254쪽; 愼鏞廈, "韓國의 地主制度에 관한 硏究: 日帝下의 土地小作制度에 대하여", 〈經濟論集〉, 5권 3호, 1966 참조.

35 朴文圭, 전게논문 참조. 그러나 앞에서도 지적한 바와 같이 일 제의 '토지조사사업'을 농민사회 분화의 기점이라고는 볼 수 없 다. 왜냐하면 이미 그 훨씬 이전에 사적 토지제도의 전개에 따라

농민층은 지주·자작농·자소작농·소작농의 4개 계층으로 현저한 분화가 이루어졌기 때문이다. 그러나 토지조사사업을 전기로 하여 농민층 분화가 한층 더 격화된 것은 사실이며, 이것은 토지조사사업이 가져온 결과라고 볼 수 있을 것이다.

36 일제의 '토지조사사업' 이전 조선왕조 시대에도 물론 농민분해에 따라 유이민의 발생과 임금노동자화가 없었던 것은 아니다. 그러나 이것은 매우 완만한 현상이었으며 토지조사사업 이후와 비교할 만한 것이 아니었다. 일제의 이른바 토지조사사업은 소작농의 몰락에 의한 농민의 유이민화와 임금노동자화를 갑자기 격화시킨 가장 큰 계기를 형성하였다.

11장

일제 '조선토지조사사업'은
무상 한국 토지약탈이 진실이다

1. 일부 뉴라이트 경제사학도의 망언

이상의 고찰에서 알 수 있는 바와 같이, 필자의 일제 '조선토지조사사업' 연구는 일제 조선총독부 등의 전국통계 자료의 감추어 둔 부분을 실증적으로 분석해 캐어내면서 일제가 한국 토지를 무상 약탈해간 방법과 토지면적을 실증적으로 밝힌 연구였다.

그런데 일부 뉴라이트 경제사학도들은 일제의 '조선토지조사사업'에서 토지수탈은 애당초 없었다고 주장한다. 그들은 "신용하 교수가 사료도 읽지 않고 증거도 없이 일제가 토지조사사업으로 한국인 토지를 수탈했다고 거짓을 썼다"고 하면서 " '엉터리 연구'와 '엉터리 연구서'를 발표해 나쁜 영향을 끼쳤다"고 모함하고 있다.

그렇다면 왜 일부 뉴라이트 경제사학도들은 필자의 연구가 사료와 증거에 의거한 철저한 실증연구인데도 실증 없는 '엉터리 연구'라고 모욕하는가? 그것은 필자가 일제 토지조사사업의 한국 농민 토지약탈에 대한 진실을 규명하여 일제 식민지정책을 비판했기 때문이다. 즉, 일제 토지조사사업의 토지약탈과 식민지 수탈정책을 도리어 시혜(施惠)를 베푼 근대화·개발정책이라고 날조·둔갑시켜 옹호하고 변호하려는 그들의 '획책'을 실패케 하는 연구를 했기 때문이다.

이영훈을 비롯한 일부 뉴라이트 경제사학도들은 일본 제국주의·군국주의자들의 한국침략과 식민지 강점 수탈을 옹호하고 미화하기 위하여, 일제 식민지정책의 수탈성의 본질을 파헤치는 필자의 연구를 고의적으로 중상하고 훼손하고 있을 뿐이다.

일부 뉴라이트 경제사학도의 방법은 일제 식민지정책 미화와 옹호에 적합한 어느 작은 '조각'이나 '부분'의 사례와 숫자만 보면 이것을 부당하게 '전체'의 증거로 미화하고 확대 일반화하면서, 기존의 귀중한 실증연구들을 과격한 비판으로 공격하는 수준 낮은 것이다.

이러한 비과학적인 방법으로 부분적 사료와 통계를 잘못 사용하면서 학문의 탈을 쓰고 아무리 일제 식민지정책을 미화하고 옹호하는 주장을 해도 일제 식민지정책의 '전체' 수탈적 '구조'와 '본질'에 배치된 '미화'이면 일제 식민지정책 옹호론·변호론에 지나지 않는다. 이것은 정치적으로 일제의 한국침략과 식민지정책을 '시혜'로 정당화하고 역사를 왜곡하는 일본 극우세력의 앞잡이로 전락할 위험이 있는 것이다.

더구나 학과 소속은 달라졌어도 자기를 가르친 선생을 모함과 욕설로 공격하는 것은 '패륜적' 행위임을 명심해야 한다.

2. 일제 '조선토지조사사업' 토지약탈의 진실

일제의 '조선토지조사사업'은 첫째 목표가 대가를 지불함 없이 무상으로 한국 토지를 약탈하여 침략집단인 '일제 조선총독부의 소유지'를 조성하는 데 있었다. 다음 사실들을 주목할 필요가 있다.

1) 한국 국민의 공유지를 일제 조선총독부 소유지로

종래 한국의 공유지는 '한국 국민·백성의 공유지'를 의미하였다. 즉, 국민 누구나 이 공유지를 개간하여 경작지로 만들면 그 경작지에 사유권이 형성되고 사유지로 인정받을 수 있는 '개간권'을 조선왕조 법률로 보호해 주었다. 또한 국민 누구나 이 공유지에 들어가 방목하거나 채석할 수 있는 입회권을 조선왕조 법전이 보장해 주었다.

그런데 일제의 '조선토지조사사업'은 이 한국 국민·백성의 공유지를 부인하고 이를 모두 '조선총독부의 소유지'로 약탈하면서, 그 약탈성을 감추기 위하여 '국유지 조사'라고 호칭하였다.

일제 '조선토지조사사업'이 한국 국민·백성들의 공유지를 조선총독부 소유지로 약탈한 이후 한국 농민의 사회경제적 지위는 극도로 불안정해졌다. 이제는 이전 공유지를 개간하여 농경지를 조성해도 이전과 같이 자기 사유지의 '자작농'이 될 수 없고, 일제 조선총독부 소유지를 소작하는 '소작농'으로 전락했기 때문이다.

한국 농민은 또한 일제 '조선토지조사사업'으로 공유지를 빼앗긴 이후에는 이전 공유지에 들어가 소·말·양·

일제 '조선토지조사사업'은
무상 한국 토지약탈이 진실이다

돼지·닭 등 가축을 놓아먹이거나, 필요한 돌·바위·진흙·찰흙·비료 등을 캐어 올 수 없게 되었다. 한국 농민이 이런 행위를 하면 일제 조선총독부에 의해 범죄행위라고 처벌당했기 때문이다.

제국주의 열강이 모두 식민지를 경제적으로 수탈했지만, 그중에도 일본 제국주의는 최고로 악랄하였다. 영국 제국주의와 비교하면 그 차이를 분명히 알 수 있다.

영국은 300여 년간 인도를 식민통치하며 전 인도 토지를 정치적으로 지배하였다. 하지만 '생산수단'인 토지를 빼앗는 방식으로 농민을 수탈하지 않았고, '생산물'의 일부인 지세 극대화를 위해 노력했다. 광대한 공유지는 종래 인도 관행대로 두고 자민다르(Zamindar)라는 지주·중개인층에게 사유지의 지세를 철저히 징수케 한 것이다. 일본처럼 공유지를 총독부 소유지로 만들기 위해 토지조사와 총독부 물권설정 등은 하지 않았다.

그러나 일본 제국주의는 한국 국토의 모든 공유지를 조선총독부 소유지로 약탈하고, 사유지와 같은 법률상 물권을 설정하여 일제 조선총독부 침략집단의 소유로 확정 짓는 만행을 저질렀다.

2) 유토역둔토를 조선총독부 소유지로

한국의 종래 관청소유지인 '유토역토'와 '유토둔토'는 소유권이 한국 관청에 있고, 농민은 약 총수확물의 25~33%의 도지(賭支)라는 소작료를 납부하는 토지였다. 그러나 일제는 '조선토지조사사업'으로 이를 조선총독부 소유지 (국유지)로 약탈한 후에 총수확물의 50%를 소작료로 인상 수탈하였다.

3) 무토역둔토를 조선총독부 소유지로

종래 민간 사유지로서 지세를 지정받은 특정 관청에 납부하던 '무토역토'와 '무토둔토'는 토지의 소유권자가 농민이고, 세금(지세)만 중앙정부 호조(戶曹)가 아니라 지정받은 관청에 내는 토지였다. 그런데 일제 '조선토지조사사업'은 이 무토역토와 무토둔토를 그것이 '무토'(無土)임을 무시하고 '역토'·'둔토'의 이름이 붙어 있다고 해서 모두 조선총독부 소유지로 약탈하였다.

일제 '조선토지조사사업'은
무상 한국 토지약탈이 진실이다

4) 궁장토를 조선총독부 소유지로

일제 '조선토지조사사업'은 종래 한국 민간의 사유지로서 지세만을 중앙정부의 지정에 의해 국가가 아니라 지정된 궁방에 납부하던 무토궁방전(無土宮房田) 등을 '궁방전'의 호칭이 있다고 하여 각종 간교한 방법으로 조선총독부의 소유지로 약탈하였다.

5) 투탁지와 혼탈입지를 조선총독부 소유지로

일제 '조선토지조사사업'은 종래 한국 농민이, 자기 사유지를 세금을 경감하기 위해 또는 관청 및 궁방의 권고로, 역토·둔토·궁방전에 투탁했던 투탁지를 조선총독부 소유지로 약탈하였다.

또한 '조선토지조사사업'은 종래 국민의 사유지인데, 구한말 양전사업 등의 시기에 관전(역둔토) 또는 궁방전(궁장토)에 잘못 혼입되었거나 탈입된 상태로 있던 혼탈입지를 조선총독부 소유지로 약탈하였다.

6) 포락지와 이생지를 조선총독부 소유지로

조선왕조 시대에는 매년 홍수를 겪어 하천변 농경지 일부가 침식된 '포락지'가 다른 하류지역에 새 경작지인 '이생지'를 형성하는 경우, 포락지 소유주가 이생지의 소유 경작자로 인정되는 아름다운 관행이 있었다. 그런데 일제의 '조선토지조사사업'은 구토지대장〔舊量案〕에 기록이 없다는 이유로 하천변의 농민 소유지인 포락지와 이생지를 조선총독부 소유지로 약탈하였다.

7) 진전·화전·제언답을 조선총독부 소유지로

일제 '조선토지조사사업'은 한국 농민의 진전(陳田: 묵힌 농경지)을 '무주미간지'라고 주장하여 조선총독부의 소유지로 약탈하였다. 또한 한국 화전민의 화전과 제언답(堤堰畓: 메마른 연못·보 주변의 농경지)까지 불법 사유지라고 주장하여 모두 조선총독부의 소유지로 약탈하였다.

일제 '조선토지조사사업'은
무상 한국 토지약탈이 진실이다

8) 미간지와 임야를 조선총독부 소유지로

일제 '조선토지조사사업'은 경사 15도 이하의 개간 가능한 임야를 '미간지'라 하여 모두 조선총독부 소유지로 약탈하였다. 또한 한국의 광대한 임야에서 '사유림'이라는 명료한 문기가 있는 것을 제외하고는 종래 공유림과 문기 없는 사유림 등을 모두 조선총독부 소유림으로 약탈했다.

9) 미신고 농경지와 임야를 조선총독부 소유지로

일제 '조선토지조사사업'은 한국 농민이 착오로 또는 일제에 대한 불복종으로 신고하지 않은 농경지와 임야를 모두 조선총독부 소유지로 약탈하였다.

그리하여 일제 '조선토지조사사업'이 종료된 1918년 12월 기준으로 조선총독부가 약탈한 소유지는 조선총독부 자체 통계에 의거해 보아도 다음과 같은 상태가 됐다.

일제가 조선총독부 소유지화(그들 표현으로 '국유지화') 한 토지는 ① 농경지 등(대·잡종지 등 포함)이 27만 2,076정보, ② 조선총독부 소유지로 만든 임야(그들 표현으로 '국유림')가 955만 7,586정보, ③ 기타 조선총독부 소유지(기타 '국유지')가 137만 7,211정보, ④ 합계한 조선총독부 소유지가 1,120만 6,873 정보였다.

이 조선총독부 소유지 총계 1,120만 6,873정보는 1918년 12월 기준으로 한국 국토 총면적 2,224만 6,523정보의 약 50.4%에 달하는 것이었다. 이것을 농경지 등과 임야로 구분해 보면, 일제는 '조선토지조사사업'을 통해 전국 농경지의 약 5.8%를, 전국 임야의 약 59.1%를 빼앗았다.

일제는 식민지 통치권력을 이용해 한국 국토를 정치적으로 전부 지배했을 뿐만 아니라, 이른바 '조선토지조사사업'을 실시해 한국 전 국토의 50.4%를 물권법상 조선총독부의 소유지로 무상으로 약탈했다. 즉, 한국 국토에 민법상의 물권을 설정하고 등기하여 '국유지'라는 명칭을 붙이면서 조선총독부 사유토지처럼 물권법상의 권리를 행사한 것이다.

일제가 한국 전국토지의 50.4%를 약탈했다는 의미는 농경지 등과 임야 등을 빼앗았다는 것이지, 한국 농민의 농경지만 빼앗았다는 것이 아니다. 즉, 일제는 ① 한국 농경지 5.8%, ② 한국 임야 59.1%를 강탈했고, 전체 한국 국토·토지의 50.4%를 조선총독부 소유지로 수탈했다.

일제 '조선토지조사사업'은
무상 한국 토지약탈이 진실이다

그러므로 일부 뉴라이트 경제사학도들이 "신용하 교수가 한국 농민의 농지(농경지) 50.4%를 일제 '조선토지조사사업'이 약탈했다고 거짓을 발표하여 중·고등학교 교과서에 퍼뜨렸고, 조정래 작가의 《아리랑》에도 반영하게 했다"고 주장한 것은 공격에 편리하도록 필자의 '전국토지'를 고의로 '농지'로 바꾸어낸 모함이다.

일제 '조선토지조사사업'이 한국 국토·한국 토지의 무려 50.4%를 대가없이 무상으로 약탈하여 조선총독부 소유지(그들의 위장표현으로 '국유지')로 만들고 이를 등기해 물권법상 조선총독부 소유지로 사용한 사실은 그들의 통계로도 명료하게 증명되는 바이다.

또한 주목할 것은, 앞에서 밝힌 바와 같이, 일제가 '조선토지조사사업'을 통해 조선총독부 소유지로 약탈한 농경지 중에는 이미 명백하게 조선왕조 말기에는 한국 농민의 사유지로 판단되었던 농경지 약 9만 6,700정보가 포함되어 있었다. 뿐만 아니라 이미 명백하게 한국 농민의 사유지로 판단되었던 임야 약 337만 5,662정보, 합계 약 347만 2,362정보의 사유지도 조선총독부 소유지로 강제 편입되어 약탈당했다.

일제가 원 통계자료를 소실시켜서 세밀한 항목별 통

계를 낼 수는 없지만, 남은 일제 통계로도 위장된 부분을 벗겨내면 그들의 토지약탈 총계는 명명백백하게 밝혀진다.

3. 무장조사단에 대한 상징적 표현의 의미

일제는 조선총독부 소유지의 강제착출을 첫째 목표로 한 '조선토지조사사업'을 실시함에 있어 현지조사를 위한 '무장조사단'(외업반)을 편성하였다.

이 무장조사단은 ① 토지조사국 출장원 ② 경무관헌(헌병경찰) ③ 면장·이동장 ④ 지주총대 및 주요지주로 구성되었다. 그중에서 ① 토지조사국 출장원은 군복에 준하는 제복을 입고 측량기를 들고 원칙적으로 대검을 했으며, ② 경무관헌은 장총·권총·대검 등으로 완전무장하여 반드시 출장원에 대동하도록 하였다. ③과 ④는 한국인 지방하급관리로서 논할 필요가 없다.

필자는 이를 상징적·문학적으로 표현하여 "비유하면 한 손에는 피스톨과 대검을 들고 다른 한 손에는 망원경과 측량기를 든 토지조사와 토지약탈사업의 실무주체 편

성"이라고 서술했다. 그랬더니 일부 뉴라이트 경제사학
도들이 무슨 큰 약점이라도 잡은 듯이 필자가 일제의 선
량한 토지조사를 왜곡했다고 떠들고 있다.

가령 "일제강점기는 암흑의 시대"라고 한다면, '낮이 없
고 항상 밤만 있는 시대'라고 거짓을 말한 것이 아니라,
'자유가 없는 시대'를 상징적·비유적으로 표현한 것이
다. 마찬가지로 일제 '조선토지조사사업'의 무장조사단
경무관헌을 상징적으로 "한 손에는 피스톨을, 다른 한 손
에는 측량기를 든" 조사단이라고 표현함은 매우 적절한
비유인 것이다. 무장조사단에서 항상 토지조사 출장원을
따라다니는 장총·권총·대검으로 완전무장한 일제 헌병
경찰을 떠올려 보길 바란다.

일제가 '조선토지조사사업'을 실시하던 1910∼1918년
은 일제 스스로 '식민지 무단통치'라고 부르던 고대 노예
제사회보다 더 악독한 '폭압의 시대'였다. 일제는 식민지
한국에는 '일본헌법'을 적용하지 않았다. 대신에 총독을
일본군 대장으로 임명하고 총독의 '명령'을 '제령'(制令)
이라고 명명하여 법률에 준하는 것으로 간주함으로써,
새로 제정한 식민지 법률과 '총독의 명령'으로 통치한다고
발표하였다.

또한 한국인은 시민의 기본권인 '생명과 신체의 자유권', '언론·집회·결사의 자유권', '정치적 주권'·'참정권'·'저항의 자유권' 등을 인정하지 않았다. 일제는 한국인 3인 이상의 모임을 집회로 간주하여 반드시 사전에 관헌에 신고하고 허락을 받도록 하였다(단, 학교와 종교집회는 사후신고가 허락되었다). 그리고 모든 인쇄물은 사전에 관헌의 검열을 받도록 하였다. 이에 한국인은 3인 이상 자유로이 모이지 못하고, 입이 있어도 제대로 공개발언을 못하는 무권리한 처지에 놓이게 되었다.

일제는 그래도 한국인의 저항이 두려워 일본군 감시의 군대 헌병도 일반 한국인을 경찰하도록 이른바 '헌병경찰제'를 실시하고, 일본인 '일반경찰'도 '헌병경찰'에 준거하도록 했다. 한국인은 헌병보조원, 또는 순사보조원으로 고용해 한국인 감시탄압에 이용하도록 내규를 정하였다.

이어서 일제는 1910년 12월 3일 제령 제10호로서 이른바 '범죄즉결례'(犯罪卽決例)라는 총독명령을 발표하였다. 이로써 헌병경찰은 관할구역 내의 거슬리는 한국인은 영장 없이 체포하여 재판 없이 3개월 이내의 징역(또는 이를 환산한 벌금)을 부과할 수 있게 되었다.

뿐만 아니라 일제는 1912년 3월 제령 제13호로서 이른

〈그림 11-1〉 태형으로 상해를 입은 한국인

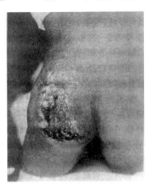

바 '조선태형령'(朝鮮笞刑令)을 제정·공포하였다. 조선
왕조 시대에 경범죄에 사용하다 이미 1894년 갑오개혁 때
폐지한 것을 부활시켰다고 견강부회하면서, 헌병경찰이
재판 없이 즉결하는 징역 3개월을 '태형 90대'의 매질로 환
산 집행할 수 있도록 한 것이다.

　이에 한국 농민들은 일본순사나 일본인에게 눈만 흘겨
도 불쾌하다 하여 헌병경찰 파출소에 영장 없이 체포되고
재판 없이 3개월 징역에 처해지거나 90대의 태형을 당하
게 되었다.

　무엇보다 한국 농민들을 공포에 휩싸이게 한 것은 무자
비한 즉결과 태형이었다. 한국 농민들은 헌병경찰에게 무

〈그림 11-2〉 토지조사 시기 일제 헌병경찰의 태형

슨 이유인지도 모른 채 파출소에 끌려가 태형에 처해지기
도 했다. 태형을 10대 맞으면 볼기가 터져 선혈이 낭자해
지고, 30대 맞으면 기절하였다. 1회에 30대로 한정해도
보통 90대에 이르기 전에 빈사상태가 되었다. 태형을 당
한 후에는 수개월에서 수년간 치료를 받느라 농사를 망치
는 경우가 부지기수였다. 그러므로 한국 농민들은 모두
공포 속에서 태형이라는 악형에 치를 떨 수밖에 없었다.

이러한 상황에서 일제는 '조선토지조사사업' 시기에 토
지조사국 출장원(측량기) 과 경무관헌(헌병경찰, 피스톨)
을 조사단으로 편성하여 토지조사를 실시했다. 이를 비
유하여 "한 손에는 피스톨을, 다른 한 손에는 측량기를 든" 토지조사라고 상징적으로 표현했는데 무엇이 문제인가? 이 상징적 비유를 불편해하고 비판하는 사람은 오직 당시 일제와 그 '주구'(走狗)일 것이다.

4. 한국 농민의 저항

일제 '조선토지조사사업'의 토지약탈에 맞서 한국 농민들은 물론 저항했다. 그것은 '토지조사분쟁'으로 나타났다.

토지조사분쟁은, 앞에서 밝힌 바와 같이, 분쟁 총필수 9만 9,455필 중에서 99.7%에 해당하는 9만 9,138필이 소유권분쟁이고, 나머지 오직 0.3%만이 경계분쟁이었다. 소유권분쟁 중에서는 65.0%에 해당하는 6만 4449필이 조선총독부 약탈지 소유권분쟁이었고, 나머지 35%에 해당하는 3만 4,689필이 민유지소유권분쟁이었다.

즉, 토지소유권분쟁의 약 3분의 2에 달하는 압도적 비율이 일제가 '조선총독부 소유지'로 약탈한 토지에서 일어난 소유권분쟁이었다. 그러므로 일부 뉴라이트 경제사학도들이 "한국 농민이 일제 조선토지조사사업을 환영했었다"느니, "토지조사분쟁이 없었다"느니, "분쟁지는 대부

분 돌려주었다"느니 하고 주장하는 것은 터무니없는 새빨
간 거짓말이다.

그뿐 아니라, 일제 조선총독부 통계는 동양척식주식회
사 등 일제 회사지주들과 일본인 지주들의 토지소유권분
쟁도 '민유지분쟁'으로 집계하였다. 그러므로 실제로 일
어난 일제 토지약탈에 의한 소유권분쟁은 조사된 수치보
다 더 많았을 것이다.

일제는 한국 농민들의 저항과 소유권분쟁에 대하여, 앞
에서 밝힌 바와 같이, ① 화해의 강제, ② 헌병경찰력 동원
에 의한 무력탄압, ③ 분쟁지심사위원회의 전횡처리 등으
로 압제하였다.

일제 조선총독은 민유지에 대한 토지조사가 본격적으
로 시행된 1912년 4월 22일에 각 도 일제 지방관리들에게
내린 지시에서, "토지조사에 대하여 소란을 피우는 자가
있을 때는 '경찰관'(헌병경찰)에게 명하여 될 수 있는 대로
사전에 이를 미발(未發)에 방지하도록 하라"고 명령했다.

총독의 명령이 법률과 같은 제령으로 법인된 식민지 무
단통치하에서 총독의 공식지시가 얼마나 큰 위력을 갖고
집행되었겠는가? 그 가혹함은 그 시대를 살았던 사람들 모
두가 기억하고 있을 것이다.

일제 '조선토지조사사업'은
무상 한국 토지약탈이 진실이다

5. 일제 토지조사사업과 동척의
토지약탈 사례, '궁삼면 사건'

일부 뉴라이트 경제사학도는 필자의 연구가 전국 연구일 뿐이고, 김해군의 지방 토지조사부를 연구하지 않은 '엉터리 연구'라고 폄훼하였다. 그러나 새롭게 발견된 김해군의 몇 사례를 연구하지 않았다고 해서, 전국 사례를 모두 포함한 전국 연구의 신뢰성이 흔들리는 것은 아님을 유의해야 한다.

지방사례라면, 필자가 수집해 두었다가 다른 연구로 겨를이 없어 논문이나 책에 쓰지 못한 전라남도 나주군 '궁삼면 사건'을 대표적인 예로 들 수 있다. 간단히 몇 줄로 요약하면 다음과 같다.

1) 농민 사유지의 무토궁방전 비밀편입과 민유지 판결

전라남도 나주군 상곡(上谷)면·욱곡(郁谷)면·지죽(枝竹)면 등 3면 일대의 농민들이 1888~1890년 3년간 연달은 한발로 대흉년이 들어 1만 1,000여 두락의 지세를 납부하지 못했다. 이에 서울에서 파견된 지세징수관 전성창(全聖暢)은 자기 자금으로 지세를 대납하고, 세력 있는 궁방인 엄비(嚴妃)의 경선궁(慶善宮)과 결탁하여 지세대납금의 보상대금을 받고 이 토지를 무토궁방전으로 비밀리에 넘겨 버렸다.

무토궁방전이란 농민의 사유지로서 지세만 국가가 지정한 특정 궁방(여기서는 경선궁)에 납부하는 민유지다. 그런데 경선궁이 이 3개 면의 토지에 4만 5,000두락의 무토궁방전을 확대 설정하고 조세를 국가지세보다 높이려 하자, 자기 사유지가 무토궁방전으로 변경된 것을 알게 된 농민들이 상소하여 3개 면은 분쟁지가 되었다.

1894년 갑오경장 정부가 수립되자, 이 통칭 궁삼면의 무토궁방전은 민유지로 판결되어 소유주인 농민들에게 반환되었다. 그러나 갑오경장 내각이 붕괴되고, 새 정부가 들어선 1899~1903년 양전사업을 궁방이 시행하면서, 총 4만 5,000두락을 다시 경선궁의 무토궁방전으로 편입시켰다. 이에 농민들이 항의하여 이 토지는 다시 분쟁지가 되었다.

2) 민유지 반환 불복과 농민의 저항

1906년 일제 통감부 설치 후, '토지조사사업'의 준비로 조선총독부 약탈대상지를 미리 조사하기 위한 선행사업으로 이른바 '국유지 조사'가 실시된다. 이때 일제는 제실재산을 '국유'(조선총독부 소유)로 편입시킬 계획을 세운다. 그러자 내각 법제국의 한국관리가 궁삼면 분쟁지는 농민의 민유지임이 명백하므로 증서를 받고 토지를 농민 원주인에게 반환해 주라고 판정한다.

　그러나 경선궁은 지세징수관 김영규(金永逵)에게 이 무토궁방전에서 지세를 계속 징수하라고 명령한다. 이에 3면 농민들은 다시 격렬하게 저항해 분쟁이 격화된다.

3) 동척의 농민소유 분쟁지 헐값 매입

1908년 설립된 동양척식주식회사(이하 동척)는 토지구입에 혈안이 되어 있었다. 그들은 경선궁의 무토궁방전 가운데 나주군 3면의 토지가 분쟁지라서 헐값으로 구입할 수 있고, 예정된 '토지조사사업'의 소유권 법인을 받아 후에 완벽한 자기 회사 사유지로 만들어 폭리를 취할 수 있

다고 판단했다. 그리하여 경선궁에게 나주군 궁삼면 분쟁
토지의 구입을 신청 교섭하였다.

경선궁은 처음에는 이 토지가 농민의 소유지로서 지세
만 경선궁이 징세하는 '분쟁에 걸린 토지'[係爭地]라고 판
매를 거부하였다. 이에 동척은 농민과의 소송에 패하더라
도 경선궁에게 책임을 요구하지 않는다는 서약증서를 써
주었다. 그리고 경선궁 관리인 엄주익(嚴柱益)을 설득하
여 토지가격(농민이 토지소유권을 가진 유토궁방전 가격)
200만 원의 토지를 무토(無土: 지세징수권만 있는 토지) 궁
방전 가격 8만 원에 구입하였다.

4) 토지조사사업과 동척이 결탁한 토지약탈

1910년 일제 '조선토지조사사업'이 시작되자 동척은 이 궁
삼면 토지(무토궁방전)를 '토지가옥증명규칙'에 의거해 회
사 사유지로 만든다. 즉, 나주군수와 일제통감부 이사관
의 인증을 첨부해 회사 소유지로 신고한 후, 일제 토지조
사사업의 사정(査定)을 받아 동척 회사의 사유지로 등기
한 것이다.

한편 일제 토지조사사업은 동척이 궁삼면 한국 농민의

사유지인 무토궁방전을 고의로 사들여서 동척의 사유지로 신고한 것을 그대로 사정하여 등기하도록 법인해 준다.

1912년 동척은 이 궁삼면 토지에 '동척 소유지'라는 푯말을 세우면서, 관리자로 일본인 14가구를 현장에 이주시켰다. 이에 농민들이 격렬히 항의하자, 일제 헌병경찰들이 출동하여 항의하는 농민들을 목검으로 후려치고 가혹한 폭행을 자행하였다.

이 과정에서 나주군 왕곡면 거주 이회춘의 모친이 자기 소유지에 박힌 동척의 푯말을 뽑아 버리자, 출동한 헌병경찰 나카시마〔中島〕란 자가 이 어머니의 가슴을 군화로 걸어차고 목검으로 난타해서 즉사시킨 사건이 발생하였다. 이에 이회춘 등 3면 농민들이 시체를 메고 서울로 올라가다가 남평에서 일제 헌병경찰에 체포되어 가혹한 매질을 당하고 쫓겨 왔다.

동척은 토지를 약탈당한 궁삼면 농민들에게 동척과 경선궁의 불법 토지매매 계약의 승인과 소작계약을 강요하였다. 농민들이 모두 이를 거부하자, 일제 헌병경찰이 각 면 대표 염자옥(廉子玉), 이화익(李化益), 장홍술(張弘述), 김운서(金雲瑞) 등 4명을 경찰서로 연행하여 태형 90대 등 가혹한 형벌을 가해 소작계약서를 강제로 받아내고 빈사상태로 귀가시켰다.

농민들은 임시토지조사국 분쟁지 심사위원회에도 심사를 신청했으나, 일제 심사위원회는 궁삼면 한국 농민의 소유권을 부정하고 동척의 손을 들어 주어 궁삼면을 동척의 사유지로 결정하여 버렸다.

5) 농민의 토지소유권 반환소송과 일제의 탄압

동척과 일제 토지조사사업의 결탁으로, 궁삼면 농민들은 자기 소유지를 약탈당하고 동척 소유지의 소작농으로 전락하게 될 처지에 놓인다. 이에 궁삼면 농민들은 1912년 일반 지방법원에 '서화현 외 1,493명(호) 토지소유권 확인소송'과 '양성진 등 16명 토지인도 청구소송'을 제기하였다. 우여곡절 끝에 결국 일제 재판부는 동척의 손을 들어 주었다.

그러나 궁삼면 농민들은 지세만 납부하고 동척의 소작료 납부요구를 거부하였다. 이에 동척은 일제 헌병경찰과 동척 직원을 동원하여 소작료 납부를 거부하는 농민들을 폭행하였다. 이 과정에서 다수의 농민 중경상자가 발생하였고, 농민 나정문은 장기파열로 사망하였다. 두 번째 사망자가 발생한 것이다. 또한 수 명의 중·경상자가 나왔고, 수천 명이 집회에 나가지 못하도록 가택 연금당하였다.

하지만 이러한 가혹한 탄압 후에도 농민저항은 끝나지 않았다. 1919년 3·1 운동 봉기 소식이 돌자, 궁삼면 농민 수백 명이 낮에는 독립만세 시위를, 밤에는 횃불시위를 주도하였다. 1920년부터는 각종 농민회가 조직되어 궁삼면 농민들을 성원하였다. 그들은 빈곤 속에서도 다시 용기를 내어 일제 재판부에 토지소유권 반환 청구소송을 제기하였다. 이 재판은 1945년 8·15 해방 때까지 계속되다가 광복과 함께 종결되었다.

이상의 나주 '궁삼면 사건'은 일제 토지조사사업과 동척이 결탁하여 자행한 중요한 토지약탈 사례 중 하나다.

일부 뉴라이트 경제사학도들은 이러한 토지조사사업의 지방사례에서도 한국 농민의 토지약탈이 자행된 '진실'을 직시해야 한다. 일제의 식민지 수탈을 변호·옹호하려 하지 말고, 학문과 역사의 진실을 향하여 돌아오길 바란다. 지금도 늦지 않았다.

글을 마치며

일본 제국주의·군국주의자들은 19세기 후반기에서 20세기 전반기 사이에 한국을 비롯하여 아시아 각국을 침략하고 태평양전쟁을 일으켜 세계평화를 파괴한 전쟁범죄집단이다. 일본에서는 앞으로 아베 등 일본 제국주의 후예들이 재무장하여 대외 군국주의 부활과 신군국주의 팽창을 획책할 것이다.

아베 등 일본 제국주의·군국주의 후예집단은 일본이 과거 아시아 각국을 '침략'한 것이 아니라 '해방전쟁'을 일으킨 것이라고 할 것이다. '토지조사사업'은 10세기 토지공전제에 정체되어 있던 20세기 초 한국사회에 토지사유권을 처음으로 도입시켜 준 은혜로운 근대화정책이며, 일본군 위안부도 자발적 매춘이었고, 강제징용도 우대받은 자발적 임금노동이었다고 주장할 것이다. 독도는 우산도라는 증거가 없는 일본영토인데 한국이 불법점령하고 있으므로 일본이 탈환해야 한다고 허위의 거짓말을 주장하고 퍼뜨릴 것이다.

그렇지 않기를 간절히 바라지만, 일반론으로 말해서, 만일 앞으로 일본 제국주의·군국주의 후예들의 이러한 거짓주장을 그대로 '주워 먹은' 국내 그들의 '주구'들이 학문·통계·사료의 허위 탈을 쓰고 그들을 위하여 매국적으로 활동한다면, 허위거짓의 '병균'이 전파되어 동포들의 정신건강을 해칠 수도 있는데, 우리는 어떻게 진실을 수호하고 국민들의 '건강한' 지식을 지킬 것인가?

지은이 소개

신용하(愼鏞廈)

서울대 문리대학 사회학과를 졸업하고 같은 대학 대학원에서 경제학 석사와 사회학 박사학위를 받았다. 서울대 교수를 정년 퇴임한 후 한양대, 이화여대, 울산대 석좌교수를 역임했다. 현재는 서울대 명예교수 및 대한민국학술원 회원으로 있다. 대표 저서로 《독립협회연구》, 《한국독립운동사 연구》, 《3·1 운동과 독립운동의 사회사》, 《한국근대민족운동사 연구》, 《신간회의 독립운동》, 《한국근대사회사연구》, 《한국의 독도영유권 연구》, 《고조선 국가형성의 사회사》, 《한국민족의 기원과 형성 연구》, 《고조선문명의 사회사》, 《왜 지금 고조선문명인가》 등이 있다.